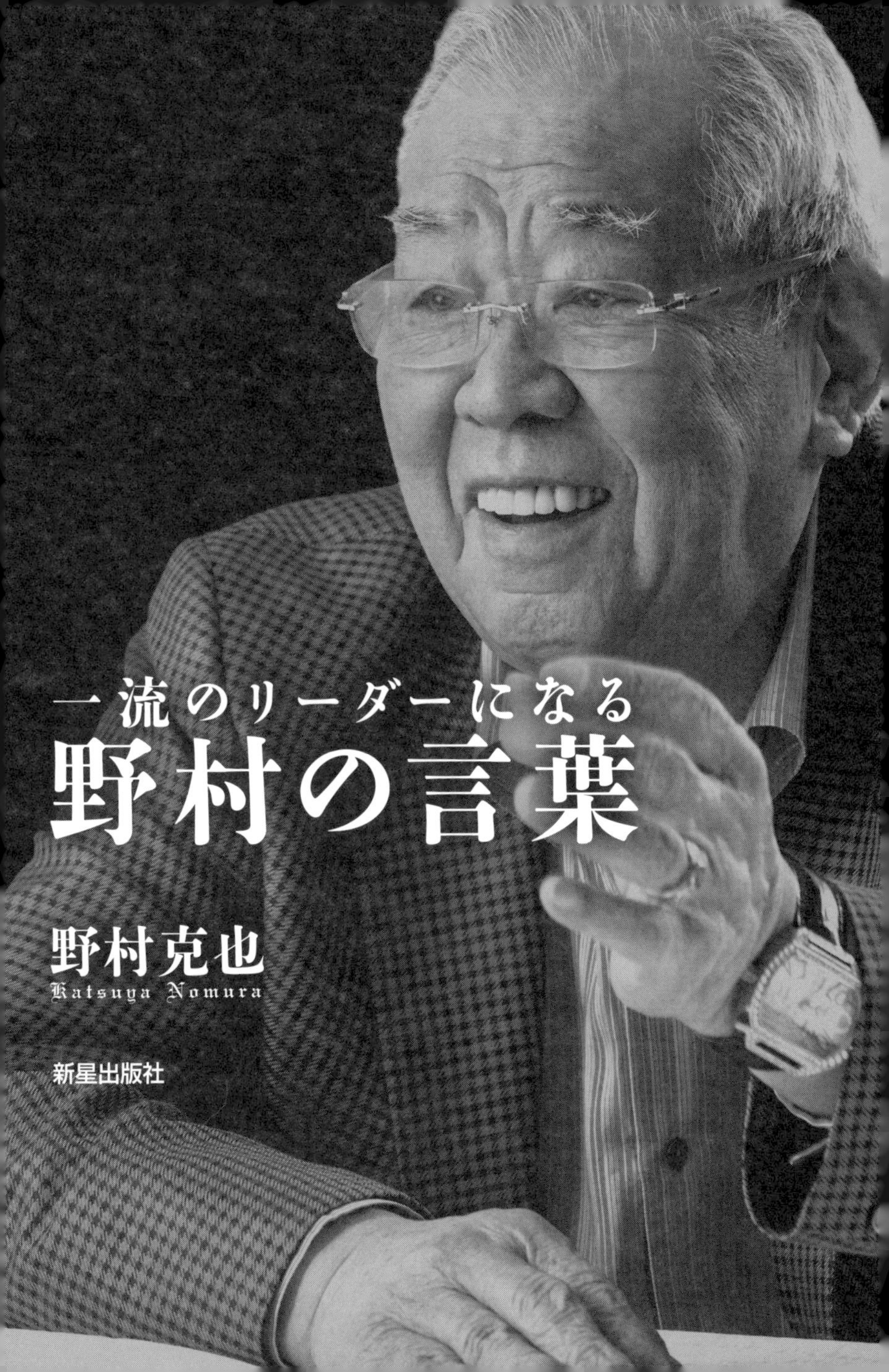

一流のリーダーになる

野村の言葉

野村克也
Katsuya Nomura

新星出版社

●はじめに
〜育てることは自信をつけさせること

半世紀以上、プロ野球の世界に身を投じて、私が痛感させられたのは、「人を育てることの難しさ」である。監督としてチームを指揮していたときに突き詰めて考えていたつもりだが、「あのときの指導は正しかったのだろうか」と自問自答の繰り返しである。

私が南海の現役の頃は、監督はいたがコーチはほとんどいなかった。選手を育成するはずの二軍でさえ、二軍監督しかいなかったものだ。打撃について質問しようものなら、

「眼をかっ開いてボールをよく見ろ！　インコースに来たら体ごとぶつかれ！」

この程度のアドバイスで、技術指導など何もなかった。一軍の鶴岡一人監督も同じようなもので、

「いいか、ボールをよく見て、スコーンとバットに当てるんじゃ」

たったこれだけだった。チーム内で指導者と呼ばれる人が、この程度の教え方では、独学で道を切り開くしかない。

けれども、今のプロ野球界を見ていると、コーチが選手に手取り足取り教えているケースが目立つ。「自分は指導者であり、上司なんだから、教えて当たり前」という意識が先走っているせいかもしれないが、指導者が答えまで言ってしまっては、選手自身で〝考える力〟が養えなくなる。

私が社会人野球のシダックスの監督を務めていたとき、こんなことがあった。ミーティングで全選手に向かって、

「このなかでプロに行きたい者はいるか？　いたら手を挙げなさい」

すると全員が挙手するではないか。私は驚いた。彼らはこれほどまでにプロの世界に憧れを持って、日々厳しい環境に取り組んでいるのだと、あらためて思い知らされたからだ。

このとき武田勝や森福允彦らも在籍していたのだが、彼らのプロ入りへの熱意は他の選手に比べてもっとも高かった。けれども投手でありながら武田は176㎝、森福は173㎝と決して体格に恵まれておらず、また飛びぬけて速いボールを投げるわけではないため、どう見てもスカウトのリストには載ってこないだろうと予想していた。ただし、2人には唯一のセールスポイントがあった。それは左投げであることだ。

右投手に比べ、左投手はプロでも絶対的な数が少なく、何か一つでも武器があれば戦力としてみなしてくれることだってある。

そこで私は2人にこう厳命した。

「どうしてもプロに行きたいのであれば、シュートをマスターしなさい」

シュートは左打者の懐に食い込んでくるボールである。私がかつて阪神の監督時代、左腕の遠山奨志にマスターさせ、巨人の松井秀喜、高橋由伸ら左の強打者に対して効果的に封じたという過去がある。彼らもシュートを覚えれば、投球の幅が広がり、投手として一皮むけるのではないか、そう期待していた。

はたして武田は2005年のドラフト4位で日本ハムに、森福は2006年ドラフト4位でソフトバンクへ入団した。武田は緩急をうまく使ったピッチングで、先発の柱として活躍し、左腕として球団史上初の4年連続の2ケタ勝利を達成し、4度のリーグ優勝に貢献した。

昨年、日本ハムがソフトバンクをかわして逆転優勝を遂げた後、彼はみんなの役に立てればとクライマックスシリーズと日本シリーズで打撃投手を買って出ていたそうだ。そして広島を破って日本一が決まると、監督の栗山英樹の後に続いて3回胴上げされた。表舞台で活躍した選手でありながら、裏方としての労も惜しまないその姿勢に、ナイン全員思うところがあったのだろう。

一方の森福も貴重な左の中継ぎとして、ソフトバンクの2度のリーグ優勝と日本一に貢献しただけでなく、2013年のWBC（ワールド・ベースボール・クラシック）の日本代表にも選出された。2016年オフにはFA宣言して、巨人の一員となることが決まったが、「あの森福がここまで成長したか」と私はほくそ笑んだものだ。

森福がシダックスに入ってきたとき、見た目からしてやんちゃな風貌で、「野球さえできればいい」という典型だった。だが、「プロに行きたい」のであれば、技術だけ指導しても、人間的に成長しなければ活躍できない。

プロは海千山千の強者ぞろいだ。自信があったはずの技術が彼らを前にして通用しなかったとき、「なぜ失敗したか」「どうすればうまくいくようになるのか」を考え、日々の練習に取り組んで課題を乗り越えていくことで、一つ、また一つと殻を破ることができる。森福はプロを目指させる以前に、一社会人として大切な人間教育が必要であると考え、シダックスの監督時代に時間をかけて指導した。

彼の人間的な成長は、FAでソフトバンクを離れるときの会見で分かった。「クビを覚悟した時期もあったが、ここで成長させてもらった」、育ててもらった恩義を素直に口に出せる選手へと成長した姿を見て、私の教育は間違っていなかったんだなと、あらためて認識させられた思いがする。

今の時代、「人を育てる」ことは本当に難しいことだと思う。とくに今の若い世代の人たちは、「私の能力はこんなものだ」と勝手に自分を見極めてしまう人間が多いと聞く。「ダメかも分からないけどやってみよう」という姿勢のなかに、伸びるヒント、すなわちテーマが生まれてくる。それを部下に気づかせ、自信をつけさせてあげるプロセスにおいて「褒める」こと、そしてそれ以上に「叱る」ことが必要だ。「叱ること」は、相手の今後を真剣に考えているからこそ、つまり愛情の証ともいえる行為である。叱られない部下は成長しない。そのことを上司は肝に銘じておくべきだろう。

本書では、新人からベテランまでの、個々の能力を最大限に発揮させ、結果に結びつけられるようにするために、リーダーとしてどのような心構えを持ったらよいか、私のこれまでの人生経験のなかから思い起こして書き記した。二流の技術しか持っていなかった私が、足りないものをどう補うことができたのか。それを知っていただき、職場で活かしていただければ幸いである。

第1章 新人を育てるための極意

第2章 中堅を主軸にするための極意

第3章

ベテランをさらに活かすための極意

第4章

トップになる者の極意

構成……………………小山宣宏
カバー・本文写真……福田栄美子
本文デザイン…………田中由美

第1章

新人を育てるための極意

プロの世界に入ってしまえば、ドラフト1位も下位も関係ない

基本的に、プロ野球の世界はドラフトで指名された選手だけが入ってこられるが、いざ入ってしまえばドラフトでの順位よりも、己を客観的に分析し、足りない部分を補うだけの努力をし続けられる人材が大切なのだ。

私のプロ野球人生は、１９５３年にプロテストを経て南海ホークスに入団したところからスタートした。テストで入ったと言えば聞こえはいいかもしれないが、一般社会の企業へ入るための採用試験とは違い、「使えそうな者がいたら、試合でちょこっと使ってみる」程度の存在でしかなかった。

私の時代は今のようにドラフト制度はなかったが、アマチュアでも「プロでも通用する」と期待されている選手は、監督、あるいは球団関係者が水面下で交渉し、巨額の契約金と破格の年俸を提示して入団させていた。

私自身が現役の頃でいえば、立教大学から入団した杉浦忠が最たる例だ。彼はチームメイトの長嶋茂雄と投打の軸となって神宮を沸かせたエースだった。

私が南海に入団したとき、鶴岡一人監督は目もくれなかったが、杉浦が入団したときは大いに期待を抱き、常に目をかけていた。私とは雲泥の差だった。

実際に杉浦は南海で大活躍した。入団1年目から27勝を挙げ、２年目には69試合に登板して38勝４敗という驚異的な成績で南海のリーグ優勝に貢献。日本シリーズでは巨人を相手に第１戦から４連投、４連勝をして南海を初の日本一に導いた。

実際に私も捕手として受けていて、地面ギリギリから浮かび上がるストレートと、切れ味鋭いカーブに、「これはモノが違いすぎるわ」と脱帽したものだ。

けれども、鳴り物入りで期待されて入ってくる選手全員が、杉浦のように活躍できるわけではない。期待外れで終わった選手だってゴマンといるし、反対に入団時には期待されていなかったものの、私のように成績を残した者だっている。

たしかにドラフト1位クラスの選手ともなれば、即戦力という触れ込みで入団しているがために、首脳陣だって注目するものだ。

おまけに契約金などのお金だってそれなりに投資している。球団関係者からすれば、「働いてもらわなければ困る」と考えるのはごく自然な発想だろう。

だが、プロの世界はそう甘くない。鳴り物入りで入団した新人選手ほど、プロの先輩たちは、プロの厳しさを叩きこんでいく。ここでいう厳しさとは、上下関係などではなく、打者であれば抑え込む、投手であれば打ち込むという、技術の高さを見せつけるわけだ。

こうした壁を目前にしたとき、一つひとつ乗り越えていけるかがポイントとなっていくわけだが、プロの技術力の高さに驚き、そのまま萎えてしまう者もいれば、「オレはこの程度の能力しかない」と己の能力の限界を決めつけてしまう選手もいる。

反対にドラフトの下位指名の選手だって、己の能力を見極め、プロの世界で通用するだけの技術を身につければ、長くプロ野球の世界で活躍することができる。

私自身がそうだったし、３度の三冠王を獲った落合博満だってロッテに入団したときはドラフト４位だったし、50歳まで現役生活を続けた元中日の山本昌だって、ドラフト５位で入団した選手だ。彼らはプロの世界で己の技術を磨き、惜しみない努力を続けてきた。それが結果となって実を結んだのだ。

だからこそ私は思う。**プロの世界に入ってしまえばドラフト１位も下位も関係ない。**自分の長所と短所を分析し、足りない点をどう補っていくべきか、あるいは良い部分をどう活かしていくかを客観的に判断する眼を養い、努力していく者だけが、プロの厳しい環境で結果を残していけるのだ。

そして、それをいざなっていくのが監督やコーチの役割である。

これはプロ野球に限った話ではない。一般企業だって、学歴を重視して採用したからといって、期待通りに働いてくれるとは限らない。**学歴だけで判断せず、フラットに部下を見続ける眼を養うこと**が、リーダーには必要である。そして、その後の努力こそが新人が大成する要因なのだ。その能力を開花させるのがリーダーの役目である。

「お前は何のために生まれてきたんだ？」と問いかけよ

己が生まれてきたことには必ず意味がある。世の中に貢献し、人々の役に立つような人間にならなければならない。そのためには、「何のために生まれてきたのか」を部下に考えさせ、人間的な成長を促すことが重要である。

私はプロ野球選手、そしてプロ野球監督を生業として、44年間、プロ野球の世界に身を投じた。現役生活が27年、監督生活は選手兼任監督時代を含めると実に24年にものぼる。

思えば私は、幼い頃からプロ野球選手になることを夢見ていた。その夢が叶い、テスト生として南海に入団したものの、決して順風満帆な現役生活を送っていたわけではない。一つの壁を乗り越えたと思ったら、また次の壁にぶち当たり、それを乗り越えたらまたさらなる高い壁がそびえ立つという、その繰り返しだった。

もしプロ野球選手という仕事に対して、**中途半端に取り組んでいたら、今の私はなかっただろう**。「プロ野球選手になればいい車に乗れる」「きれいな女性と付き合える」などと、上辺の甘い部分だけしか考えていなければ、おそらく一つ目、もしくは二つ目の壁にぶち当たったときに、「プロ野球選手になれたからもういいや」と努力することなどなかったに違いない。

だが、私にはプロ野球選手として成功しなければならない理由があった。それは「母と交わした約束」だ。

母は私が野球選手になろうとしていることを快く思っていなかった。「安定した会社に就職して、そこで定年まで勤め上げてほしい」という切なる希望があった。

けれども、私はそうした母の考え方に真っ向から対立した。「何がなんでもプロ野球選手になって、大金を稼ぐ」、それと同時に、「私が幼少の頃から女手一つで育ててくれた母に恩返しがしたい」、心の底からそう思っていた。

そのための手段としてプロ野球選手という職業を選んだのだ。

だが、野球を追求すればするほど、野球の奥深さを知ることとなった。どうすれば効率的に打者を打ち取れるか、あるいはどうすれば相手投手を打ち崩すことができるのか、一つひとつのプレーを追求すればするほど、何が正解なのかその答えが分からなくなることもあった。

そこで私は、「野球を極める」と決意し、さらなる情熱を傾けた。その甲斐あってか、野球人なら誰もが憧れるプロ野球監督の座を射止め、後進の指導にも力を注いだ。

そこで私が選手たちに事あるごとに言っていたのは、**「お前たちは何のために生まれてきたんだ?」という問いかけだった。**

こう聞くと、ほとんど、というよりもほぼ全員が答えられない。それも当然だ。そんなことは生まれてこの方、一度も考えたことがないからだ。

人生で何を成し遂げたいと考えていたのか？　プロ野球選手になりたかったのはなぜか？　お金や名誉を得たいためか？　あるいはそれ以外の理由があるからか？

そこで視点を変えて「なぜ、プロ野球の選手は大金を稼ぐことができるのか？」という質問をぶつけてきた。答えは、お客さんが喜んでくれるからである。プロ野球のゲームや勝敗に、一喜一憂してくれ野球好きの人がたくさんいるからこそ、ニュースにも取り上げられるし、テレビやラジオで放送してくれ、そこにお金が生まれるのだ。

私自身、プロ野球の世界に入った当初は、成功してお金を稼ぐことと母をラクにさせることの二つしか考えていなかった。だが、野球を追求すればするほど、そのために自分自身はどういう姿勢で野球に取り組むべきかを考えさせられた。そうしてたどりついた答えが、**技術を磨くには他人の意見を素直に聞いたり、自分で努力の限界を作らないなど、人間的に成長すること**が大切であるという考えに至ったのだ。

だからこそ私は今でも思う。「自分の生まれてきた理由を一度くらい考えてみなさい」と。そうすればほんの少し、意識が変わるはずだ。**意識が変われば考え方が変わり、考え方が変われば野球に対する取り組み方だって変わる。**

部下の成長を望むリーダーであるならば、この言葉を新人にぶつけるべきである。

人間学なくして、若い人の成長は見込めない

部下を指導するとき、スキルアップのためのテクニックだけを教えている者は、よいリーダーとはいえない。人間教育の根幹を教えることこそが、その人自身を成長させる最大の近道なのである。

プロ野球選手というのは特殊な人間だ。一説によると、東大に合格するよりも難しいというのだから、まさに選ばれし者だけが踏み入ることのできる世界といえよう。

だが、それだけに海千山千の輩が近づいてくる。「私はあのプロ野球選手と仲がいい」ということをステータスにしようとしている人がいるが、こういう場合は得てしてタニマチ的存在になっていく場合が多い。つまり、「あの選手はオレが面倒みてやっているんだ」と誇らしげに語り、自分を大きく見せようとしているのだ。

しかし、当のプロ野球選手はそのことに気がつかない。小中学生の頃から「野球がうまい」というだけでチヤホヤされて、プロ野球選手になったらなったで食事に行けばタダでごちそうしてくれるし、旅行に行くとなればその宿泊費まで面倒を見てくれる人が現れるのだから、「オレはすごい人間なんだ」と錯覚してもおかしくない。

だが、それは大きな間違いである。考えてもみてほしい。電車に乗るのに切符の買い方が分からない、あるいはホテルの予約の取り方すら分からないという一般的な知識が欠けている、世間知らずの若者にすぎないのだ。

プロ野球選手という特殊な職業は、たしかに選ばれた者しかなれない。だからこそ、私は**若いうちから非常識な人間になってもらいたくない**と、強く心に思っていた。

プロ野球選手の現役時代は20代から30代半ばくらいで、大選手と言われる一部のごく限られた者だけが、なんとか40過ぎまでやれるというような世界だ。一般社会で30代半ばといえば、脂の乗った時期で、会社内でそれなりに評価され始める頃でもある。そんなときに「はい、お疲れさん」と言われて引退を余儀なくされるのだから、第二の人生をどう歩むべきかが分からず、途方に暮れてしまう者だって現れる。プロ野球選手になるということは、一般社会以上にシビアな世界に身を投じるというわけだ。

だからこそ、私は選手たちに人間学を施した。プロ野球選手ともなれば、ミーティングの時間は野球の技術や戦術の話にできる限りの時間を費やしたいところだ。けれども、私は**それと同等か、もしくはそれ以上に人間形成、人格形成に力を注いだ。**

人としての基本である「挨拶」を筆頭に、感謝する気持ちを持つことや、一般常識を習得すること、また野球以外の知識を得ていく必要性も説いてきた。

そのひとつとして、新聞や本を読むことを勧めた。新聞は世の中の動向が理解できるようになるし、本は今まで知らなかったことを発見することだってできる。プロ野球選手ということで、普段の生活では知り合うことのないような企業のトップや文化人と知り合う機会だって時としてある。そんなときに世間に疎く、野球以外の話の一つもできないようでは、「この人の考え方は浅いな」と相手から思われてしまう。私はそうした人間にしたくなかった。

だが、いきなり人間学について話したところで、若い選手には私の意図していることは伝わりにくい。けれども引退して、数年たったときに、「あのとき監督が言っていたことが、今になって分かりました」と感謝の言葉を口にする元選手を私は数多く見てきた。とくに顕著なのが、その者が第二の人生となった職場で役職がついてリーダーになったとき、若い人を指導するのにどうすればいいかを考えあぐねていると、私が言っていたことがふと頭をよぎったなんてことも実際にあったのだ。

そして、前項でも触れたが、人間的な成長がなければ、野球の技術的向上もあり得ないのだ。努力し続けなければ、プロでは通用しない。だからこそ、**若い人を成長させるには人間学が必要だ**ということを、私は確信をもって言える。

人を育てるには、**愛情が必要不可欠**である。その場の成績だけを最優先させるような人間では、将来的に人はついてこない。部下の長期的な成長を望むようなリーダーでなければ、そのリーダー自身にも人はついてこない。

リーダーには、愛情を持って部下の人間力を高める決意と覚悟が必要なのだ。

高すぎるくらいの夢を持たせよ

自分が将来、どうなりたいのか、その夢を持たせることはとても大事なことだ。しかし、その夢が「こういう職業に就きたい」というものだった場合、それが叶ってしまったらそこで止まってしまう。だからこそ、「簡単には叶えられない高い夢」を持たせることが大切なのだ。

小学生の男の子が「将来の夢は？」と聞かれたとき、「プロ野球選手になりたい」と答える子もいれば、サッカー選手やテニス選手、あるいは警察官や消防士、学校の先生、医者といった、人のために役立つような職業を口にする子だっているかもしれない。

誰だって夢があるのはいいことだ。「自分はこうなりたい」という目標があるからこそ、それを励みに頑張れるものだし、多少の苦労だって厭わないはずだ。

しかし、問題なのは、念願叶っていざ、その職業に就いたときである。

私がいたプロ野球の世界では、「プロ野球選手になる」ことを目標に、小学生の頃からグラウンドで来る日も来る日も白球を追いかけてきた者ばかりだ。とくに高校や大学、社会人と徐々にレベルが上がってくれば、より野球と密接な生活を送ることになる。そうして己の技術を磨いていった結果、選ばれし者だけが、スカウトに注目され、そしてドラフトでプロ球団から指名されて、晴れて夢にまで見たプロ野球選手となる。

だが、「プロ野球選手になる」ことを目標の到達点にしてしまうと、そこで満足してしまって、数年後には解雇されるなんていう選手が意外と多い。

本来であれば、プロ野球選手になることがスタートでなければならないにもかかわらず、そこで「夢が叶った」と思ってしまった結果、その後の努力を怠ったり、あるいはプロ野球の世界で自分より実力が上の先輩選手たちを見るにつけ、「ここは自分の来るべき場所ではなかった」などと、尻込みしてしまう者さえいる。笑い話のように聞こえるかもしれないが、これはすべて事実なのだ。

だからこそ私は考える。せっかく自分が幼いころから目標としていた、憧れの世界に入れたのであれば、**そこからどうなりたいか、より高い夢を持つことが大事なのだ**ということを強く言いたい。

たとえば投手としてプロ野球選手になれたのであれば、「日本一の投手になる」のでもいいし、今の時代であれば、「将来はアメリカに行って、バリバリのメジャーリーガーとして活躍したい」という目標でもいい。「40歳まで現役を続ける」なんていうものいいだろう。

ゴールをより高く設定することで、プロ野球選手になった先の未来も描けるようになるのだ。そうすれば、プロ野球選手になったとき、「日本一の投手」になるにはどういった努力をしていけばいいのか、あるいは今の自分にあって、自分に足りないものは何かということまで、より鮮明に見えてくる。

人はイメージできるものにしかなることができない。「日本一の投手」というイメージを持つことができない者は、日本一にはなれないからだ。

これは何もプロ野球選手に限った話ではない。

「世界一の会社を作る」という壮大な目標でも構わないし、自分の力で会社の規模を10倍にするなんていうのもいいかもしれない。大切なのは、「○○になるためには、この先、どういった努力をしていけばいいのか」というビジョンを**より具体的に描かせる**ことだ。そうすれば人は目的地に向かって行動していく。大きく見える高い壁さえ、目標があれば乗り越えていける。

新人を大きく育てたいなら、リーダーは高すぎるくらいの夢を持たせるように、部下をいざなわねばならない。

一番はじめに教えること。それは大きな声で挨拶すること

知っている人だけでなく、知らない人にも大きな声ではっきりと挨拶することで、相手の持つ印象はよくなるものだ。挨拶は人間関係の基本であることを忘れてはならない。挨拶できない者が良好な人間関係をつくれるわけがない。人望を得られるわけがないのだ。

若い選手のなかには、自分のチームの先輩方の顔を知らないがために、挨拶もロクにできない者がいる。人に挨拶をするのは、人間関係を築くうえで基本中の基本だ。それをおろそかにしているようでは、良好な人間関係を築くことすらできない。人間力を育てる第一歩として、挨拶は欠かせない。

監督時代、グラウンドやキャンプで、知っている人にしか挨拶できない選手を何人も見てきた。そのときは、こんな質問を投げかけた。

「お前さんがこのチームに在籍することができたのはなぜなんだ？」

こう聞いたとき、多くの選手から、縁あってドラフトで指名されたからとか、あるいは他人より野球の能力が優れていたからなどという答えが返ってきた。

しかし、それは大きく間違っている。過去、このチームに在籍した並み居る先輩方が活躍し、脈々と受け継いできたからこそ、プロ野球界、ひいては球団自体が存在することができているのだ。私はこのことを声を大にして言いたい。

プロ野球の歴史は、２０１７年時点で82年を超えた。82年といえば、日本人の平均寿命に迫る年数だ。もちろんこの先も続いていくわけだから、今もその途中に現役選手たちはいる。

その先輩たちを「顔を見たことがないから知らない」では済まされない。恥ずべき行為だと考えていいくらいだ。

さらに言えば、グラウンドに姿を見せるマスコミ関係者にだってきちんと挨拶すべきである。「あの人とは一度も話したことがないから」という理由で、彼らの目の前を何事もなかったかのようにスーッと素通りしてしまうようでは、良好な人間関係を築くことだってできない。

賛否はあるかもしれないが、私はマスコミ関係者とは良好な関係を築いていたほうがよいと考えている。取材を通じて彼らなりの独自の情報を持っていてそれが参考になることだってあるし、もっと言えば引退した後に何らかの仕事につながることだってあるかもしれない。「知らないから挨拶しない」のではなく、**「知らなくても挨拶する」習慣を日ごろから身につけておくことが大切**なのだ。

もちろん、このような直接的なメリットだけから、挨拶の大切さを説いているわけではない。挨拶するということは、相手を認めることの第一歩となる。人を、人として認めないような者に、人望が集められるわけがない。その結果、困ったときにだれからも見向きもされない人間になってしまうのだ。

挨拶は、大きな声ではっきりすること。これは常識中の常識だが、昔のヤクルトの選手たちは、私が監督に就任した当初は、「おはようございます」ではなく、「オゥース」「ウース」と言う者がいた。私に言わせれば「オゥース」「ウース」は挨拶ではない。これを聞いた人はどう感じるのか。不快に思う人だっているだろう。だが、そこまで考えが及ばないからこそ、「オゥース」「ウース」となってしまう。

これについてはリーダーが、**「言葉をはっきりと言いなさい」と注意すべきことである**。

繰り返しになるが、**挨拶は人間らしく生きるための基本**である。野球界の先輩はもとより、知らない人にだって大きな声ではっきりと挨拶をすることで、相手から好印象に感じとられることだってある。このことは野球界に限らず、一般のビジネスマンにも広く言えることだろう。

社会経験の少ない若い人ほど、人間関係は挨拶から始まるということを理解していない。今、見える関係のある人とだけ人間関係を築けばいいと考えている。それらのことを踏まえ、リーダーたるもの、挨拶の重要性をことあるごとに教え続けなければならない。

「素直さ」があるからこそ、将来の道が開かれる

素直な心を持つことが大事なのは、何も子どもだけではない。大人になってからも、仕事で伸びていくうえでとても大切なことだ。自分自身の素直さを見つめ直すだけでなく、新人にもそのことを実感させなければならない。

新人には素直な子が多い。自分が何も知らないことを分かっているからだろう。けれども、なかには素直さを持ち合わせていない若い選手もいる。そもそもプロ野球の世界にたどり着いた者は、素質がずば抜けているため、お山の大将的な人間になってしまっているからだろう。そういう子は、教える側もひと苦労するものだ。

私もかくいう南海のプレイングマネージャー時代、江本孟紀、江夏豊、門田博光という3選手を、「三悪人」と呼ぶほど、一つのことを納得させるのに苦労した思い出がある。今振り返れば懐かしくもあるが、当時の私は年齢でいえば40歳前後で、今のように言葉も多く持ち合わせていなかった。

けれども、プロセスはどうであれ、彼らが何か不満を言おうものなら、どうにかして説得しなければならなかった。なぜなら彼らはチームの中心選手だったからだ。試合で活躍してもらわなければいけない。だが、そのために歯の浮くようなセリフだけ言うのでは、彼らも私の足元を見てつけ上がってくることもあるかもしれない。私は指揮官として、毅然とした態度で彼らと話を重ね、お互いの信頼関係を築いていった。

その一方で残念でならないことがある。それは、江本、江夏、門田の3人とも引退後はプロ野球界から指導者のお声がかからなかったことだ。これは球界の痛手であるとともに、私自身、どうにかできなかったかと今でも悔やむことがある一方、人間は**いかなるときにおいても素直さは大事**なんだということを認識させられた。

野球の知識や技術は一流で、それでいて弁も立つ。だが、監督が彼らを指導者として使うとなると、扱いづらい、気難しいと思うのかもしれない。それが結果として彼らから再びユニフォームを着させる機会を奪ってしまっていたとしたら、こんなに損なことはない。

その点でいえばヤクルト時代の池山隆寛や広澤克実らは素直だった。

私がヤクルトの監督に就任したとき、彼らはチームの中心を担っていたが、ブンブンとバットを振り回して三振をするというケースがたびたびあった。これではいけない、そう考えた私は彼らに厳しく注意した。池山にいたっては、

「世間ではお前さんのことを、ブンブン丸などと言ってもてはやしているようだが、それで本当にいいのか？　チームのためを思ったら、バットをコンパクトに持って振っていくことを考えてみるのもいいんじゃないのか」

と一歩間違えると、彼のプライドを傷つけそうになることも、私は口にしていた。

しかし、池山は少しずつだが、バットの握りを一つ分余らせたり、状況に応じた打撃

を心がけるようにしてくれた。このことは広澤も一緒で、チャンスの場面で回ってくると、ホームランを狙うのではなく、センター返しの打撃をしてくれるようになった。

このように、どんなに厳しいことを言っても、私の言葉の真意を理解してくれた池山、広澤たちだからこそ、引退後はコーチとして指導者の道に進むことができたのだろう。彼らは、個人のこだわりや成績に走ることより、チームが勝つことのほうが大切であることを、分かってくれたのだ。

球団の上層部だって、選手たちの立ち居振る舞いは私が報告しなくても目を光らせている。その後、コーチとして起用する、しないの判断材料の一つに、**「素直さがあるかどうか」**は非常に大切だ。コーチから苦言を呈されたときに、自ら反省し、あらためるような心構えがなくては、たんに独断的な考えしかできない人というレッテルを貼られてしまう。

とくに、知識やスキルの足りない新人時代から、リーダーの言うことを聞かずに、自分の考えだけで行えば、成長のスピードが上がらないのは間違いない。リーダーたるもの、素直さの重要性は新人時代に植え付けなければならない。

どの分野においても親孝行な子は必ず伸びる

感謝できない人間は伸びない。人間、一番世話になっているのは親である。親孝行な子は感謝を十分に知っている。「両親の喜ぶ顔が見たいから、一生懸命目の前の仕事に取り組む」。この姿勢こそが、人間をよりいっそう成長させるための原動力になる。

２０１７年の大相撲初場所で大関の稀勢の里が初優勝を飾り、第72代横綱に昇進した。大関になってから苦節5年、何度も優勝するチャンスがありながらことごとく跳ね返され苦汁を味わった。それだけに喜びもひとしおだろう。

彼が優勝したとき、相撲界の父親ともいうべき存在の親方のことを挙げ、「先代の鳴戸親方がいなければ、今の私は存在しない。感謝以外の言葉が浮かばない」、またご両親に対しても、「ケガや病気のない、丈夫な体にしてくれて感謝している」という言葉を口にしていた。なるほど、彼が幾度も優勝の壁に跳ね返されながらも、ついに花開き、相撲界の頂点に昇りつめた理由が分かる気がした。

親孝行な子は必ず伸びる。これは断言できることだ。ほかならぬ私自身がそうだった。父が戦争で亡くなり、幼少から母子家庭での貧乏生活を余儀なくされた。それでも野球を続けさせてくれた母に恩返しがしたい一心で、プロ野球の第一線で活躍し続けた。もし私が裕福な家庭で育っていたら、「プロ野球選手・野村克也」は存在していなかった。いや、仮にプロ野球選手になっていたとしても、大きな壁を乗り越えられずにあっさりユニフォームを脱いだに違いない。人間が伸びるにはハングリーさが必要だが、**「親に感謝する」という気持ちも決して忘れてはならない**ことだ。

かつて星野仙一が中日の監督となったとき、86年のドラフト1位に近藤真一（現真市）、87年には立浪和義を1位指名した。いずれも高校出の選手で、投手と内野手という違いはあるが、共通しているのは「母子家庭で育ったこと」。私は星野の監督としての手腕には疑問が残ると思っているが、この点についてはなるほど、大いに理解できる。

その後、立浪は現役生活を23年間続けて2000安打を打ち、プロ野球選手の勲章ともいえる名球会入りを果たし、近藤は肩の故障に悩まされ、20代半ばで現役生活を終えたものの、現在は中日の投手コーチとして、一軍選手の指導にあたっている。

稼いだお金でこれまで野球をさせてくれた親をラクにさせたい、野球の世界で成功させて親を喜ばせたい。そう考えて努力を続けたはずだ。こうした熱意が、厳しいプロの世界で大成するための原動力となる。そういえば先の星野も戦争でお父さんを亡くして母子家庭で育ち、子どもの頃は相当苦労していたと聞く。彼もプロ野球選手になって成功をおさめて、お母さんを喜ばせたいという思いがあったのだろう。

もちろん、親への感謝を忘れてはいけないのは、母子家庭で育った子どもだけではない。今、現在、プロ野球選手としてここに存在できているのは、何よりも親のおかげだ。無条件に子どものことを愛し、尽くしてくれ、野球を続けさせてくれる環境を整えてくれたからこそ、プロの世界に足を踏み入れることができている。親以外にも、学校の先生だったり、あるいは高校野球の監督だったり、はたまた先輩だったりと、本当にさまざまな方に支えていただいたおかげで、プロ野球選手になれたのだ。

この方々へ感謝の気持ちを持つことができないようでは、選手としても大成できないし、その後の人生でもうまくいくはずがない。

これは、一般的な会社でも同じだろう。感謝の気持ちがない者は、天性の才能によって一時的には成績を残せても、続きはしない。**いろいろな人の支えがあって、はじめて長期的に成績を残すことができる**のである。

親孝行な子は、感謝の心を十分に持ち合わせている。だからこそ、どの分野でも伸びるのだ。

逆に感謝の心が少ない者に、感謝することの大切さを教えるのは、リーダーの役目である。リーダーが自ら率先して、「ありがとう」という言葉を口癖にし、自ら見本を見せることも必要なことの一つだ。周囲への感謝を表すことのできる気持ちを持たせることは、人を育てる上で重要なのだ。

「仕事さえできればいい」という考えは、どの世界でも通用しない

たとえば仕事はできるのに、言動が荒っぽかったり、周囲の人と調和がとれなければどうだろう？　好調なときはそれでいいかもしれないが、そうでなくなったとき、困り者、問題児などと社内でレッテルを貼られてしまう。そうしたことにならないように、普段から一般常識や教養を身につけさせることがリーダーの務めである。

私は仕事を教える方法は十人十色、さまざまな方法があってもいいと思う。部下を激励しながら教えるのも一つの方法だし、言葉で納得させながら教えることだっていい。

だが、覚えておかなければならないのは、**「仕事さえ教えれば、あとは何も教えなくていい」という考え方はいけない**ということだ。「仕事をしているのだから、仕事さえできればいい」というのはごく当たり前のように思うかもしれないが、私はそうは思わない。

プロ野球の世界は実力主義、結果がすべてという見方もできる。シーズンを通して成績を残せなければ解雇されることだってあるし、たとえベテランでも若い有望な選手に自分のポジションをとって代わられたら、また奪い取らなければならない。それができなければ後は淘汰されるだけだ。

結果を出すために、試合や練習以外のときでも、四六時中、野球のことばかりを考えている選手はすばらしい。目標が高ければ、厳しい練習や苦労も厭わないだろう。

ただ、それだけでは大成できない。**自分のことばかり考えている人間に、人はついてこない**し、人から支えてもらうこともできないのだ。

野球の練習をするためにはたくさんの人の協力がいる。ピッチング練習をするならボールを受けてくれるブルペンキャッチャーが必要だし、バッティング練習をするならバッティングピッチャーがいる。こうした人たちの協力を全面的に得るためには、感謝する気持ちや、日頃から相手のために動くことが不可欠である。彼らも仕事であるから、練習に付き合ってくれるだろうが、自分のスキルの向上しか考えていない者のために、居残り練習やオフの日の練習に協力まではしてくれない。

「結果を出せれば、後は何をしたっていい」は、大きな間違いなのである。

V9時代の巨人の川上哲治元監督は、トイレのスリッパを揃えることに対して口を酸っぱくして言ったそうだ。**他の人のことを考える心構えが、チームワークを築き上げ、ひいては人間力を育てる**と考えたからだろう。

また、野球がうまくなり、結果を残すことだけしか考えていない者は引退後にも影響が出る。野球しか知らない、あるいは知ろうとしない者は、世の中の一般常識が疎くなってしまっているケースが多いからだ。俗にいう「野球バカ」は、野球以外のことにまったく興味を示さない者のことを指し、また皮肉の意味を込めた言い方だが、野球バカでいいのは現役時代だけであって、引退して野球以外のことを知らなかったら、世の中で通用しない。

そのような場面に遭遇し、本人が「このままじゃいけない」と気づけばいいが、そうした者はほんの一握りしかいなく、たいていの者は「なんだ人のことをバカにしやがって。オレを誰だと思っているんだ」と間違ったプライドを持っていることが多い。こういう選手は、引退後に豊かな人生を送ることがむずかしくなる。

一般社会でも、自分の仕事だけできればいいと考えている人は、少なからずいるだろう。たとえば自分の興味以外のことしか話ができない者だ。若い人に多いように見受けられるが、このような人間は、バランス感覚に欠いた人だと、目上の人から思われてしまうことがあるが、残念ながら今の若い人たちにはそうした意識は乏しいように思えて仕方がない。

たとえば商談の場で、自分の仕事の話以外の話題に触れることだってあるだろう。政治、経済、国際情勢、医療……こうした話題が振られたとき、何も言えないようでは、一般常識に疎く、教養のない人と思われてしまうことだってあるかもしれない。自分の興味や関心のあること以外にも、普段から目を通させる習慣を身につけさせておく。これも、リーダーの大切な務めである。

基礎→基本→応用の順に教えよ。「基礎」なくして「応用」はない

人が成長するにはしかるべき段階を経ていかなければならない。そのことを無視して、いきなり高いレベルから始めてしまっても、基礎がしっかりしていなければ本当の実力は身につかない。

人を育てることは難しい。これは何も野球選手に限った話ではない。普通に会社勤めをしていて、部下を指導している上司の全員が痛感している共通の課題ともいえる。十人十色という言葉がある通り、人間は陽気な人もいれば、寡黙であまり感情を表に出さない人もいる。そうした人を同じようなやり方で育てることはできない。

重要なのは、**自分の確固たる信念に基づき、人間教育をしていくこと**なのだ。

とくにプロ野球選手はビジネスマンとは違い、バット一本、あるいはグローブ一つで勝負するが故に職人気質を持った選手がいる。そのようなタイプは自分の技術にかんしてのこだわりが強く、うまくいこうがいかまいが、おいそれと変えようとしない。これでは本当の意味でプロ野球選手として花開くのは難しいことだ。

そこで私は、選手を指導する際、**「基礎」、「基本」、「応用」の三つの段階に分けて考えていた。**

ここでいう「基礎」とは、仕事をするための土台となる部分であり、「基本」は、仕事における判断や行動の指針、そして最後の「応用」が、それらをもとに実地に移すことである。

私の実体験でいえば、18歳でプロに入り、22歳までの４年間で基礎を作り、それから2～3年は基本を身につけ、25歳から30歳くらいにかけて応用という時代がやってくる。実際に私は30歳の時に三冠王を獲った。野球人生のなかで一番脂が乗っていて、充実した時期だった。

プロ野球は結果主義の世界だ。結果さえ出せばそれでいいと考えている先輩たちを、私は数多く見てきた。たしかに一軍で結果を出さなければ、球団から「はい、お疲れさん」と言われてクビになってしまうのだから、それはそれで決して間違った考え方ではない。

だが、**基礎、基本、応用の順に身につけていないと、結果が出せなくなったときに、その打開策が見出せなくなる**。「なぜ失敗したのか」、「なぜうまくいったのか」、その根拠、理由が分からない。根拠がなく、たまたまうまくいっただけの結果オーライを繰り返しているようでは、壁にぶち当たったときに乗り越えることができない。

たとえば、ピッチングは下半身の力を上半身へスムーズに伝えるという「基礎」ができて、はじめて身体全体を使った、速くてキレのある球が投げられるようになる。

ところが、上半身だけで投げている人が、変化球を増やすような「応用」で打者を打ち取ることを覚えた場合、抑えられたとしてもたまたまであり、長続きしない。全身を上手に使った投球でなければストレートの伸びだけでなく、「応用」として覚えた変化球の切れもないので、そのうちつかまってしまうのである。

逆に、全身を使う投球の「基礎」ができるなら、変化球を増やすといった「応用」が生きてくる。そもそも投球のベースであるストレート自体が武器になる。

しかし、悲しいかな、私が監督を経験したヤクルト、阪神、楽天ではいずれも「基礎」や「基本」をおろそかにし、「応用」から身につけたがる選手が多かった。弱い組織ほど大事な根幹となる部分を身につけようとしないという共通項を見つけたのは、私自身、勉強になったが、それと同時に「このままでは永遠に強い組織になることなどできないな」と痛感させられたものだ。

「基礎」も「基本」も単調なことの繰り返しで、苦痛に感じることだって多々あるだろう。それでも私は、**「基礎」を身につけたら「基本」に進み、「基本」を身につけたら「応用」の段階へ進んでいくことが大切であると**、今でも考えている。

基礎や基本が身についていない者は、メッキがはがれる。才能のかたまりが10～20年間しか働かない野球の世界よりも、一般的な仕事は何十年も続く。だからこそベースづくりの重要性をしっかり教えるのがリーダーの役割だ。

「当たり前のことを正しく教える」のは、じつは一番難しい

「できて当たり前」、このことを教えるのは意外と難しい。またリーダーも「できて当たり前」というのが頭にあるから、理解しているようで理解していない場合も多々ある。一番簡単なことほど難しいということを、リーダーは肝に銘じておくべきだ。

ノーアウト、もしくはワンアウトランナー一塁の場面を迎えたとき、監督はどう考えるだろうか。次のバッターに送りバントのサインを出すことだってあるだろう。そんなときは当然バントを決めてランナーを二塁に進塁させ、次のバッターとの勝負を迎える……こんな戦略を脳裏に描くはずだ。

だが、送りバントを失敗して、ランナーを進塁できずにそのまま無得点で終わってしまう、なんてことは野球には往々にしてある。**こんなとき、監督やコーチは頭ごなしに怒鳴りつけるようなことをしてはいけない**。「なぜ失敗したのか」を反省させ、次に同じ場面がやってきても失敗しないように、練習をさせなければならない。

このときバントをする際のバッターの姿勢やバッターボックス内での立ち位置、バットの角度、バットを握る手、バットにボールを当てて転がす場所など、送りバントで必要なことをすべて頭に覚えさせ、あるいは体に叩き込ませることが必要となる。

しかし、**できて当たり前のことを教えるのは、簡単なことのようでじつは一番難しい**。自分ではできるのに、相手ができなければ、「どうしてできないんだ！」と叱責することだってあるかもしれないが、それでは今の若い人たちは間違いなく萎縮してしまうだろう。

そのために大切なのが、**「当たり前のことができる方法」を自分がつかんでおくこと**。そして相手に分かりやすく、理解できるように教えられるか。これがポイントだ。口で言うよりも、体に染み込ませたほうが理解しやすいという選手も大勢いる。だが、時間が経つと忘れてしまうことも少なくない。そのようなとき「あのときコーチはどうやっていたっけ？　たしかこうだったような……」と手探りでなんとか思い出そうとしてみるが、結局、もう一度確認することになる。こんなことはザラにあるだけに、言葉で正確に伝えるスキルを上司は持っておくべきである。

このとき、やってはいけないのが、できて当たり前のことを部下に伝えるときに、**「自分は分かっているから」と言って、言葉を省略して伝えてしまうこと**である。

とくに自分自身が、苦もなくできたことを教えるのはむずかしい。できない人に対して、「オレと同じようにやれ」は通用しないのだ。

プロ野球だけでなく、スポーツの世界には「名選手、必ずしも名監督にあらず」という言葉がある。名選手の多くは、そもそも抜群の素質を持っているがために、さまざまなことが自然にできてしまう。苦労せずにこなせてしまうがために、試行錯誤した経験が少なく、できない人がつまずく部分が理解できないため、言葉でうまく伝えられないのだ。自分にとっては当たり前でも、その選手にとっては当たり前のようにはできないため、肝心のスキルを身につけることができない。

当たり前のことができない選手を伸ばすためには、言葉を駆使して、論理的に分かりやすく伝える必要がある。まず、すべて自分が分かっていなければならないことが前提である。そのうえで、それを段階に分けて自分で理解し直し、ステップごとに言葉にして伝えていくことが必要なのだ。

このことは野球界に限らず、一般的な会社でも同じだろう。仕事のノウハウやテクニックを部下に教えるときに、**言葉を省略してはいけない**。「ここは分かっているだろう」というのは禁句である。なぜなら「ここ」の部分を、部下が分かっていない場合があるからだ。

そのためには、仕事をステップに分解し、その段階ごとに分かりやすい言葉を使って伝えていくしかない。

ややもすると面倒で手間のかかる作業かもしれないが、部下にできて当たり前のスキルやノウハウを身につけさせるには、一番近道の方法であるのは間違いない。

リーダーたる者は、その手間を惜しんではいけない。

「俊敏な感性」をつけさせよ

どんな組織にも鈍感な人間は必ずいる。もし見つけたら、感性に刺激を与え、少しずつ意識を変えていくこともリーダーの大切な役割である。

私が常日頃から口にしている言葉が、**「鈍感は最大の悪」**である。とくに飽食の時代の今、若い人の間で鈍感人間が増えたような気がしてならない。

感じる力、すなわち「感性」というものは、人間が生きていくうえで大切な要素である。感性がなければ視野が狭くなるし、些細なことに気づくはずもない。些細なことの中に、伸びるために重要なことが潜んでいるケースは少なくない。感性の乏しい人間は、それに気づけない。すなわち鈍感な人間だということだ。

相手が鈍感な人間かどうか、試してみる方法がある。私のケースでいえば、ベンチからグラウンドにいる選手の足元にボールを転がしてみる。ちょっと驚きながらもボールを拾う者もいれば、何も気にせず素通りしてしまう人もいる。前者は些細なことに気づく人間、後者は鈍感なタイプとも言い換えられる。

これが会社に置き換えた場合だとどうなるか。たとえば会議の資料を用意するにあたって、上司からあれこれ指示される前に、「おそらくこうした資料が必要になるだろうな」と前もって、上司に言われる前に自ら準備して用意したり、あるいは営業で得意先に行く前に、

「明日伺うAさんは、たしか野球が好きだったな。それなら野球のことで何か面白

い情報がないか、探してみよう」

と相手との会話で盛り上がるようにいろいろな情報をあらかじめ入手しておき、実際に会ったときに、野球の話で盛り上がって商談が成立する、なんてことだってあるかもしれない。上司や得意先から、「彼はなかなか見どころがあるな」と思わせるのも、感性があるかどうかの分水嶺になる。

私が長年、プロ野球の監督を経験してきて分かったことは、**感じる力を持った選手は何らかの夢を持っている**。「プロ野球選手として成功して1億円稼ぎたい」「野球界を代表する選手になりたい」「将来はメジャーリーグに挑戦してみたい」、そのためには今、必要なことは何か、常に探し続けているのだ。感性を研ぎ澄まし、目を光らせているからこそ、先輩の技術を盗むことができる。

ところが、大半以上のプロ野球選手はそうではない。何となくグラウンドにやってきて、何となく野球をやって終える。グラウンドに来て、ユニフォームを着ただけでどこか満足感にあふれている。そんな選手を数多く見てきた。とくにBクラスに低迷している球団の選手は、こうした特徴を持った選手が多く、それがひいてはチームの低迷の一因になっているのではないかと、考えさせられたものだ。

おそらくこれは何もプロ野球に限った話ではないだろう。たとえば会社でも、始業時間までになんとか出社してきて、そのまま惰性で勤務時間を過ごし、終業時間になれば、「はい、おつかれさん」とばかりにそそくさと帰ってしまう社員がいるのではないだろうか。こうしたタイプはえてして鈍感なタイプが多い。

だが、一流のプロ野球選手になれば、感じる力に長けている。やるべきことを見つけ、すぐに取り組む。日々の練習にも目的意識を持って取り組むため、試合でもコンスタントに実力を発揮していく。そうして首脳陣はもちろんのこと、チームメイトからもその働きぶりを認められ、やがてはチームの中心選手へとなっていく。

だからこそリーダーは、部下に対して**感じる力を喚起させるような問いかけをしてあげるべき**だ。今、している仕事、業務はなぜ行っているのか、その目的、理由を感じる力、考える力を育てていかなければならない。

鈍感の対義語は「敏感」であるが、**俊敏な感性を年齢の若いうちから育ませること**は、リーダーの役割の一つであるに違いない。

常に周囲に聞いて回るクセをつけさせよ

何か分からないことがあれば、「どうすればいいですか？」と人に聞ける勇気を持つことは大切だ。わからないことを自分のなかだけで解決するのではなく、周囲の人間へ聞くことのできる柔軟さをもたせることは大事なことである。

私の現役時代の弱点は肩だった。こう書くと、「捕手をやっていたのに本当ですか？」と驚かれる人も多いかもしれない。だが悲しいかな、これは事実なのだ。もともと私は強肩と呼ぶにはほど遠いほど、肩が弱かった。南海の入団テストを受けたときのことは、今でもよく覚えている。

「2球投げて90ｍを超えれば合格」といわれ、まずは1球目を投げたものの、合格ラインにははるかに及ばない。

「もうアカン。これで帰らなアカンのか」

そう覚悟を決めたとき、テストの審査をしていた河知さんという先輩が、

「おい、もっと前に行け。いいからラインを超えて投げてみろ」

と小声でささやいてくれて、「ほんまにええのかなあ」と恐縮しながらも4、5ｍ前で投げてなんとか90ｍのラインを合格することができた。「プロ野球選手・野村克也」が誕生した瞬間でもあったが、肩が弱いというウィークポイントは変わらない。

プロのキャンプや練習に参加して、肩の弱さがキャッチャーとして致命的であることを、さらに痛感させられた。

そこで、練習中に筆記用具とメモ用紙をベンチに置くことにした。筆記用具を用意

しているプロ野球選手など、当時は誰もいなかったのではないかと思ったが、私にしてみれば野球がうまくなりたい、あるいは肩をもっと強くしたい一心で、とにかく必死だった。

同時に、「肩を強くするにはどうしたらいいですか？」と先輩に聞いて回った。すると、ほぼ全員が「遠投がいい」と言うではないか。要は近くなら上体だけでも投げられるが、体全体を使えば遠くに投げられるというわけだ。どうすれば並み居るライバルに勝てるかと考えたとき、私自身のウィークポイントを克服しなければ勝負にすらならない。そう考え、同期入団の捕手と地道に連投に取り組んだ。

このほかにも肩が強くなるトレーニングはないか、先輩に聞いて回った。すると、懸垂や腕立て、鉄アレイを使った方法がいいのではないか。そういう声も聞こえてきたので、私は自己流でトレーニングメニューを作成して、黙々と毎日続けた。

効果はなかなか出なかった。ところが、3ヵ月が過ぎたあたりから、遠くに投げていたボールが伸びるようになった。「おーい、伸びているぞ」、相手の姿が少しずつだが距離が離れていることが分かった。肩に自信がついてきた。

そしてシーズン終了後の秋季練習で、捕手のポジションから二塁への、矢のような送球を二軍監督の前で披露した。「お前、ずいぶんいいボール投げるようになったやないか」。目を白黒させて驚いていた表情を、今でも忘れない。

このとき私が大切にしたのは、**自分が分からないことがあったとき、人に聞いて回るクセをつけておくこと**だ。

新人は知らないことが多い。そんなときに新人だけの判断で物事を進めたら、間違いが起こる可能性が高くなり、それまでの努力が無駄になってしまう。

自分一人で考えても解決できないときには、他の人の知恵を借りるときだってあるだろう。そんなとき、「どうすればいいでしょうか？」と聞く勇気を持たせること、気軽に聞ける環境を整えることがリーダーには求められる。

そして人から話を聞くときには、**必ずメモをとらせること**。その場では覚えているつもりでも、少し時間が経つと「さっき言っていたのはどういうことだったっけ？」などと、記憶があいまいになってしまう。

モノを忘れることは誰にでも備わっている能力だ。せっかく先輩が時間を割いて教えているのに、それを忘れてしまったら、次はない。聞いた内容をまとめ、メモをとるクセをつけさせることもあわせて指導するとよい。

「叱る」と「怒る」をはき違えるな

叱ることと怒ることはまったく違う。「叱る」場合には愛情があるが、「怒る」場合にはそれがない。やみくもに感情的になれば部下にはそれがすべて伝わる。リーダーはそのことを念頭に置いておく必要がある。

部下に対して叱ったことのある人はほとんどだろうが、それでは「怒る」とどう違うのかと聞かれたら、どのくらいの人が説明できるだろうか。

私が推測するに、ほとんどの人は説明できないと思う。なぜなら怒ると叱る、似て非なる言葉の意味をあまり深く考えたりしないからだ。

それではこの二つの言葉の決定的な違いとは何か。私は「愛情」があるかどうかだと考えている。つまり、**「叱る」ことは愛情であるが、「怒る」は愛情ではなく、感情を爆発させているに過ぎない**のだ。

私の場合でいえば、南海時代の鶴岡一人監督にはよく「怒られた」。たとえば相手打者に私の配球を読まれてガツンとホームランを打たれたとしよう。ベンチに戻れば鶴岡さんから、「バカたれ！　あんな球放らせおって！」とカミナリが落ちる。私が少しでも状況説明をしようものなら、「何言っているんだ！　オレに逆らう気か」と取り付く島もない。

だが、続く打席で前に打たれた球と同じ球種を要求したら、打ち取ることができた。こんなとき、鶴岡さんは何も言わなかった。つまり打たれた、打ち取ったというのを、結果論でしか評価していないわけである。

これで困るのは当事者である私だ。結果論はあくまでも結果論であり、なぜ抑えることができたのかの根拠にはならず、具体的理由にも乏しい。根拠がなければ、次に続かない。それでは、なかなか成長することができない。経験が豊富な指導者や先輩からのアドバイスが、あるのとないのとでは、成長のスピードに雲泥の差が生じるからだ。

このときの経験があるからこそ、私は監督になってから**結果論だけで叱ったりすることはしなかった**。

私が叱ったのは、**できるはずのことをしていないという、準備不足の場合**だ。とくに捕手に対しては厳しくあたった。打たれたとき、なぜその球種、そのコースに要求したのか。配球については打者を絶対に抑えられるという、明確な解答がないだけに、選手自身がどう考えたのか。根拠さえあれば責めてはいけない。**その根拠が正しい判断だったかどうかを話し合えばよい**。

だが、何も意識せず、深く考えずに投手にサインを出して、本塁打を打たれたときにはきつく叱るべきだ。このとき大事なのは、**できるだけ感情的にならずに、理路整然と叱ること**。そうすれば言われた相手も、「次は同じことがないように気をつけよう」と自分を戒める意識が芽生えてくる。

くどいようだが、叱ると怒るは違う。「バカたれ！」と感情的に怒鳴っても、言われた相手は堪えるどころか、「あーあ、また言っているよ」程度にしか思わない。それどころか、相手から嫌われ、また失敗した場面を自ら省みようという意欲も欠け、また同じような状況が訪れたときに、同じ失敗を繰り返す可能性が高い。それだけは絶対に避けるべきだ。

もちろん、私も人間だから、ときには感情にまかせて怒るケースがなかったとは言えない。ただし、そのようなときは、しっかりと反省し、「怒るは感情であって、叱るは理論」だと、自分自身に言い聞かせてきた。

一時の感情に流されてしまえば、お互いに信頼関係を築いていくことはできない。部下を成長させ、成績を残せる人間に育て、自信を持たせるためには、**感情にまかせて怒るのではなく、理論に沿って叱ること**。リーダーならば、この怒ると叱るの違いを覚えておかなければならない。

ときには、みんなの前で褒めることも大切だ

人間、褒められると悪い気はしないものだ。ただし、その方法にもコツがある。効果のある褒め方をリーダーは知っておくべきである。

最近の教育は「褒める」ことを良しとするそうだ。聞くところよると、学校だけでなく、会社勤めの大人を対象にした「褒める研修」というのもあるそうだが、部下に対する褒め方を学ばせるなど、今の社会風潮はどうかしているとしか思えない。

私はこうした世の中にあえて警鐘を鳴らしたい。子どもの頃、親や先生が叱ることなく育てても、いざ社会に出たらお金を稼ぐことの厳しさをイヤというほど味わうはずだ。ときには厳しく律するためにも叱ることだって必要な場面は必ず出てくる。それを褒めてばかりいては、何がダメでどこに気をつけたらいいのか、指摘された当人も分からないだろうし、いつまで経っても甘えばかりが残るものだ。

本当に部下を褒めたいというのなら、**たまに褒めるのがよい。それもみんなの前で、はっきりと何がよいかを言ってあげること。**それだけで十分効果がある。**育てることは自信をつけさせること**であり、たまに褒めたほうが、それまでの行いが正しかったという自信につながるのだ。

あれは私がプロ入りして2年目くらいだっただろうか。プロの世界で何一つ実績のなかった私は、なんとか一軍に抜擢されようと、二軍で必死に練習に取り組んでいた。通常の練習以外にも、自主練習を行い、毎晩必死になって素振りをしていた。

素振りというのはただバットを振るだけとお考えの方もいるかもしれないが、インコース、アウトコース、高め、低め、とそれぞれ素振りをするポイントを決めてバットを振ると、たとえ100スイングくらいでもかなりの疲労が溜まってくる。だが、何も考えずに、ただやみくもにバットを振っているだけだと、短時間であっても飽きてしまい、集中力がなくなってしまう。

そんな素振りを私は頭のなかで、コースや高さなどをイメージしながら毎晩続けていた。その間、二軍の他の選手も私と同じように素振りをしていたものの、飽きてしまったからか、一日過ぎるごとに一人、また一人と素振りをやめてしまい、夜の繁華街へ繰り出すようになった。

当時の私は繁華街で使えるほどのお金を持っていない。それにお酒も飲めなかったので、毎晩ひたすら素振りを続けていた。あるとき先輩選手から、「ノム、もういいかげんにしたらどうだ。毎晩素振りしていたってうまくはならないぞ」と諭されることもあったが、私はそれでも止めようとはしなかった。

そんなある日、コーチが「みんなの手を見せろ」と言う。素振りをしていると手のひらにマメができるが、それを抜き打ちでチェックしたのだ。

だが、ほぼ全員の選手の手にはマメがなかった。それもそのはず、練習ではバットを振っていても、自主練習と称した夜の素振りは誰もやっていなかったからだ。

そして私の番になり、手のひらをそっと差し出すと、コーチは「おーっ」という声とともにこう言った。

「みんな、野村の手を見て見ろ。これがプロ野球選手の手じゃ」

私はなんだか照れくさくなったが、悪い気は全くしなかった。それどころか、「よーし、もっと素振りをするぞ！」とさらに意欲的になったのだ。自らに課した素振りが正しかったと、自信をつけることができた。

当時の南海は鶴岡さんが滅多に人を褒めないこともあってか、コーチも選手を褒めることは少なかった。それが突然、みんなの前で私を褒めたものだから、多少の驚きとともに、うれしさがそれを上回った。このときの経験から、**褒めるのはみんなの前で、はっきり言われるからこそ効果がある**と私は考えるようになった。

部下を褒めるときは、大勢の前でたまに褒めるほうがよい。そのほうが、部下のやりがいや向上心を引き出せ、自信につながると考えている。

努力の方向性さえ間違えなければ、誰にでも大成するチャンスはある

今すぐ形として見えなくても、キラリと光るものは誰しも必ずあるはずだ。リーダーはその原石を見つけ、磨いてあげることで、組織のなかで活かさなければならない。正しい方向に努力をすれば、誰にでも大成するチャンスはあるのだ。

プロ野球の世界は、誰もが認める即戦力の選手がいる一方で、キラリと光る原石を持っている素材の選手もいる。チームとして是が非でもほしいのは即戦力の選手というのが本音だが、その一方で「今ではなく、2～3年先を見据えた」補強をすることも珍しくない。

組織とは難しいもので、たとえ今、隆盛を極めていても、3年先、5年先も同じように繁栄しているとは限らない。ちょっとでもあぐらをかいていれば、瞬く間にライバルにその座を奪い取られてしまうなんてことも往々にしてあるものだ。

そこで私は、即戦力になるような、**ドラフトの上位指名の選手だけでなく、下位指名の選手もくまなくチェックしていた**。彼らがダイヤモンドの原石だとしたら、どう磨けば光り輝くことができるのか、そのことを思案したりもした。

たとえば身体能力は素晴らしいが、打撃、守備のいずれとも劣っていたとする。このような素材の選手は、私ならば間違いなく守備の能力を向上させる。肩が強く、俊足であれば、間違いなく守備固めで起用することができる。それに打撃にはスランプがあるが、守備にはスランプはない。シーズンを通して一定の活躍が期待できるのは打撃力のある者ではなく、守備力の高い者である。

ところが、身体能力があるからといって、打撃練習に専念させて、「長距離打者に育てよう」とするのは危険だ。たしかに相手投手が直球しか投げないというのならそれでも構わないかもしれないが、実際の試合になると直球だけでなく、カーブやスライダー、フォークボールなどの変化球も投げてくる。とくに変化球を打つ場合は直球とは違って、ワンテンポタイミングを遅らせて振るなど、瞬時の判断力とそれに伴う対応力が必要になる。

それは、打撃練習を積み重ねさせたところで、簡単に身につく技術ではない。打撃でボールを遠くに飛ばす、あるいはヒットゾーンに打球を打つことは、天性の才能も必要となる。長嶋茂雄、王貞治、イチロー、松井秀喜と、超一流と呼ばれる打者は努力を積み重ねてきた一方で、天賦の才にも恵まれていた。そのことをよく理解せずに、打撃練習を行っていたって、必ずしもうまくいくとは限らない。才能を活かすための努力をしなければ、成果を出せないのだ。

それに打撃は3割打てれば好打者といわれ、7割の失敗が許される。こんなスポーツは野球以外に存在するのだろうかと、私は思わず聞きたくなってくる。

だが、守備は違う。エラーさえしなければ10割の成功率を目指すことだってできるし、ボールを捕ってから投げるまでの一連の動作は、練習を重ねれば重ねるほど上達する。

また、試合にはレギュラー選手に代打を送ることもある。そのときに代わって入るのは守備のいい選手だ。とくに試合の終盤になればなるほど、守備のいい選手を起用することでチーム内に安心感が漂う。勝ち試合であればあるほど、守備のいい選手は重宝されるし、試合に出場する機会に恵まれるのも守備のいい選手のほうだ。だからこそ、一軍に定着させるのであれば、打撃よりも守備のよい選手に導くことである。

それをはき違えて、「こちらのほうが得意だから」と言って、苦手なものにはまったく見向きもしないとか、実戦で活躍できるのはこちらだからと、自分の判断で一方的に決めつけて、見当違いの努力をしているようでは、お先真っ暗になってしまう。

野球界に限らず、今いる世界に入れたということは、何か一つでもキラリと光るものがあったと評価されたからである。**「部下はどういう努力をしていけば大成できるのか、チームに貢献できるのか」**というのを念頭に置き、正しい方向の努力を積み重ねていけるよう、リーダーは部下に対して導く必要がある。

第2章

中堅を主軸にするための極意

自己限定する人、現状で満足する人は絶対に伸びない

限界は誰にでもやってくる。だがそれこそが自分のカラを破るための己との闘いの始まりなのだ。リーダーはそのことを理解し、部下が壁にぶつかったときに指導しなければならない。

人は成長するのに段階があるものだが、**「もうここでいいや」と自分で諦めてしまった時点でそれ以降の成長は望めない**。これは何も野球の世界に限った話ではない。どんな分野においても、上には上がいるものだし、技術的な壁は存在する。どんなに努力し、頑張ってもなかなか越えられない限界というのは必ずある。そういった壁にぶち当たれば、人は諦めが生じ、向上心を失ってしまうケースもあるだろう。

だが、私に言わせれば、**技術的な限界にぶち当たるのは、第一段階に過ぎない**ということだ。ここからどう努力し、自分のカラを破ろうとするのかが、本当の勝負なのである。

プロ野球の世界には、「2年目のジンクス」という言葉がある。1年目に好成績を残した選手が、2年目に成績を残せないことを表す言葉だ。原因は2つ。ひとつは相手から研究し尽くされこと、もうひとつは己の慢心である。持って生まれたセンスだけで通用しつづけるほどプロの世界は甘くないのだ。

そのことを理解していれば、たとえ技術的な限界にぶつかっても、「このままじゃいけない」という危機意識と飽くなき探求心が芽生えてくるものだ。

昔も今も、プロ野球の第一線で活躍している選手は、技術的な壁にぶつかってそれを乗り越えてきた。そのために必要なのは、頭を使って創意工夫を積み重ねていく重要性に気づいているからだ。

私の場合は、プロに入って5年目のシーズンに大きな壁にぶち当たった。前年にホームラン王のタイトルをとっていた私に対して、対戦相手は私のことを研究し、対策を講じてきた。カーブだ。私はカーブを打つことが本当に苦手だったのだが、相手はそこをついてきたので、まったくといっていいほど打てなかった。

苦手なカーブを克服するため、練習に練習を重ねたが結果は出なかった。監督やコーチに聞いてもアドバイスらしいアドバイスは得られなかった。

そのため、私は異なる方向で結果を出そうと試みるようになった。相手の配球を読むことと、ピッチャーのクセを見破ることだ。この考え方は、私の大きな武器となり、のちのホームラン王や三冠王へとつながった。諦めずに考え続け、努力し続けた結果、カーブが打てないという大きな壁を乗り越えることができたのだ。

一方、相手の研究や己の慢心から、壁にぶつかったときに、考えることや努力を怠った者は、その後、大きな活躍ができず、再び日の目を見ることがないまま引退に追い込まれてしまう。

このことを一般的な企業にあてはめるなら、ある程度、仕事ができるようになった中堅の人がなりやすいと思う。入社後、数年経てば、新人から卒業し、先輩や上司の助けなしに、自分だけで仕事ができるようになる。反対に、すごくできる人の大きさが具体的に分かり、挫折を味わうこともあるだろう。こういった人が「もうここでいいや」と、今の自分に満足したら、その後の成長は見込めない。

リーダーには、こういった中堅の人たちを、さらに伸ばしていく責任がある。現状で満足させずに、挫折を乗り越えさせ、自分のカラを破らせることが必要なのだ。

そのためには、現状で満足してしまったら、自分が欲した豊かな未来に届かないことを伝えなければならない。また、28頁でも触れたように、高すぎるくらいの夢や自分が生まれてきた理由などを、思い出させなければならない。

だが、努力を続けることは容易ではない。**日々の努力に即効性はない**からだ。それでも部下を鼓舞し続けて、いざなっていくことがリーダーには必要なのである。

何度も言うが、技術の限界にぶつかったときには、「もうダメだ」と諦めさせてはいけない。**「ここからどうやったら壁を乗り越えられるか」を考えさせることで、現状を打開することができる**ということを、リーダーは伝え続けなければならないのだ。

褒めてばかりでは人は育たない

褒め慣れてしまうと、人間はそれが当たり前だと思ってしまうもの。私が心がけたのは、褒めるのは新人だけ、あとは厳しく接することだったが、今でもそのやり方は間違っていないと断言したい。

その人の顔を見ているだけで、何となく落ち着くという上司が、会社にはいるそうだ。昔ならば厳しく、うるさ型の上司が幅を利かせているのが当たり前だったが、これも時代の流れといえるのかもしれない。

これに加えて、よく耳にするのが、「物わかりのいい、優しい上司」である。

今の若者は、モノに溢れた裕福な時代を過ごしてきた。親御さんからさぞかし大切に育てられ、叱られた経験などほとんどないのではと思えるほど、素直で従順な性格の子が多いと聞く。

そのような子らに、職場で仕事を覚えさせるのがリーダーの役目だが、そのとき壁になるであろうと予測できるのが、**「彼らを育てるには褒めるのがよいのか、それとも叱るのがよいのか」ということ**である。

野球界の選手たちと一般の会社に勤める人たちとは、職場環境がまったく違うので一概には言えないが、一つだけ断言できることがある。それは**「褒めてばかりでは人は伸びない」**ということだ。

たとえばプロ野球の世界に入ってきた新人は、前年の秋に入団が決まり、翌年２月の春季キャンプからプロとして第一歩をスタートさせる。新人ならばプロの環境とはどういうものか、右も左も分からないだろうし、体力面、技術面の両方を見て、たとえ先輩選手に劣っていたとしても、それは仕方のないことである。この時期、リーダーは新人に対して厳しいことは言わずに、遠くから見守ってあげるとよい。

だが、オープン戦が始まり、開幕が近づいてくると、一、二軍の選手がふるい分けられる。即戦力になる新人ならば開幕一軍に入ることもあるだろうが、大半以上は開幕を二軍で迎えるものだ。このとき彼らはどんな気持ちでいるのか、悔しいと思ってはい上がろうとしている選手ならば見込みはあるだろうし、それについてもどんな課題を持って取り組んでいこうとするのか、キャンプ時と同様に見守ってやるのがよい。

だが、問題は新人ではなく、入団してから3年、4年が経過している選手たちである。新人と違ってプロとはどういう場所なのか、あるいはどうすれば活躍できるチャンスがもらえるようになるのか、一軍にいる先輩や同僚たちを見ていれば理解しているはずだ。**こうした選手たちは褒める必要などない。むしろプロとしての厳しさを植えつけるべきだ。**

それを「今のプレーはよかったぞ」と褒めてばかりいるようでは、そこで満足して終わってしまうし、結果的に成長を阻害することになる。

叱るべきときに叱れない組織やリーダーはもってのほかだ。たとえば試合中にボーンヘッドやサインミスがあって、ベンチのなかは「しょうがないよ。悪いときもあるさ」と傷口を舐め合うような雰囲気だったらどうなるだろう。その後、またミスをしても、「まあいいか」という、自らの行動を省みることなく、妥協する気持ちが生まれてしまうと考えられないだろうか。

強いチームというのは、同じようなミスをすると、誰も慰めようとはせず、白い目で見られるようになる。ベテランの選手などは、「何やってんだ！　同じようなミスばかりしやがって！」とあからさまに叱責するものだ。こういう組織だと試合中のイージーミスはなくなり、結果的に勝率も高くなる。

褒めていいのは新人のうちだけで、３年、４年経った者には、できるだけ厳しくあたったほうがよい。３年、４年経った中堅クラスの者は、仕事に慣れてきている。それが慢心を呼び、不注意から生じる、つまらないミスが出始める。とくに、同じようなミスを繰り返したときは、しっかりと叱らなければならない。ミスを繰り返さない対策を、自らで考えさせることが、組織全体の強化につながり、彼らの成長にもつながるからだ。彼らを成長させることは、リーダーの大切な役目である。

常に「目的意識」を持って取り組ませよ

物事を浅く、上辺だけでしか考えられない人間はいい仕事ができない。普段から小さく、細かなところまで目配り、気配りのできる人間こそが大きな仕事を成し遂げることができるのだ。

私は監督時代、ミーティングの場でよく選手によく口にしていたことがある。

「テーマのない努力ほど、ムダなものはない」

プロの野球選手なのだから、みんな考えて練習に取り組んでいるのではないかとお思いの人もいるかもしれないが、ただ漠然とバットを振ったり、あるいは数多く投げるだけで明確な意図をもたない練習をしている投手というのは意外と多い。これは何も今に始まったことではなく、昔からよく見てきた光景でもある。

明確な目的意識を持って、深く考えて野球に取り組んでいるかどうかは、練習している姿を見れば一目瞭然だ。

たとえば右打者が打撃練習に取り組んでいたとする。来る球をすべて思い切り引っ張っているのは、単に気持ちよく打っているだけに過ぎない。では試合で相手投手が打撃練習のときと同じようなボールを投げてくるかといえば、そんなことはまずありえない。相手は打ち取ろうと思って必死に投げてくるし、練習のときと同じような当たりが出るなんて、10打席立って1回あるかないかだ。

だが、センターから反対方向を中心に打っていたらどうだろう。試合でヒットエンドランをイメージして練習しているとも考えられるし、試合で投手に厳しいところを攻められたときの対処法に取り組んでいるのかもしれない。いずれにしても、何らかの目的意識を持って練習していることだけは明らかだ。

このことは投手とて一緒だ。どこに投げるのか、コースをまったく考えずに、ただたんに真っすぐを気持ちよく投げているだけでは、試合では通用しない。プロの打者は140～150キロくらいの真っすぐなら容易にはじき返すだけの力を持っている。それだけを練習していたってまったく実にならない。

だが、同じ真っすぐを投げるのでも、外角低めの制球を磨いているのだとしたら、話は大きく変わってくる。私の持論で、「困ったときには原点」という言葉があるのだが、これは打者への配球の策が尽きたと思われたとき、外角低めへコントロールよく真っすぐが放たれたら、打ち取る確率が高くなるという意味だ。どんな好打者でも、打席から一番遠い外角低めにズバッとコントロールよく決められたら、そうは打てるものではない。それを磨くための練習に取り組んでいたのだとしたら、それは大いに意味のあることだ。

これが会社に置き換えた場合でも、見えてくることはないだろうか。

たとえばいつも夜遅くまで働いている人がいるとする。その人が、その仕事の意味、目的を知っているのならよい。仕事の目的を理解し、それを達成するために努力しているなら、どんどん成長していくだろう。

一方、何も考えずに、ただ言われたことをこなしていては、その人は伸びない。たとえ夜遅くまで仕事をしていようとも、大きな成長は見込めない。

「努力は必ず報われる」という言葉があるが、本当は「正しい努力は必ず報われる」である。この「正しい努力」とは、目的意識のある努力のことを言う。

だからこそリーダーは、今やっていることはどういう意味があるのか、部下に対して問いかけをしてあげるのと同時に、**目的意識を持って取り組むように物事を深く考えさせる習慣**を身につけさせなくてはならない。

「私はこういう目的があるから、今、このことに取り組んでいるのですよ」という姿は、受け手に必ずといっていいほど伝わる。それが伝わってこないのは、テーマを持って取り組んでいない証拠ともいえる。

とくに仕事ができるようになってきた中堅クラスの人は、任される仕事が増え、忙しさから目的意識を忘れがちである。彼らが正しい方向に努力できているかどうかを見守ることも、リーダーの務めである。

小さなことこそ、おろそかにさせるな

ブレイザーから学んだのは、野球のプレーにおいて、細かいことにも気を配ることの大切さである。これはどんな仕事にも通じることであり、小事を見逃しては絶対に大きな仕事を成し遂げることはできない。

南海でプレイングマネージャーを引き受けたとき、条件の一つに挙げたのがドン・ブレイザーのヘッドコーチ就任だった。当時の私は30代半ばで若すぎたし、球団から要請を受けるまで、翌シーズンも現役一本で勝負することしか考えていなかった。けれども、川勝傳オーナーの説得により、どうしても逃げるわけにはいかず、「監督」「捕手」「四番」の三足のわらじを履かなければならなくなったことで、誰かに補佐してもらう必要がある。

そこで私が白羽の矢を立てたのは、日本人ではなく、外国人のブレイザーだった。彼を初めて見たのは１９５８年の秋、セントルイス・カージナルスが日米野球の対戦相手として来日した際、二塁手としてやってきた。当時、私も日本代表の捕手として選ばれていたので、彼と対戦したのだが、ブレイザーが一塁走者となり、捕手の私が投手へ返球しようとすると、スルスルと一、二塁間へリードをとるではないか。

そこで二塁に投げようとすると、一塁のほうへ帰りかけ、慌てて一塁へ投げかけると今度は二塁へ……とにかくすばしっこいベースランニングで冷や汗をかかせられた。

「これがメジャーの走塁なのか」

日本ではお目にかかれない走塁の技術に、新鮮なショックを受けた。そのブレイザーが次にやってきたのは1967年、南海で同僚となったのだ。すでに35歳だったが、少しも手を抜くことのない、基本に忠実なプレーに驚かされたものだった。

たとえばノーアウトで走者が一塁にいたとする。「ここはバントをしてくるだろう」と予測して、一塁手が前進してくるが、打者は見送る。そしてフッと一塁ベースを見ると、二塁手のブレイザーがカバーに入っている。走者のリードは大きかったので、私が一塁へ送球すると、難なくタッチアウトとなった。

今でこそ、こんなプレーはサインを使って当たり前のようにできるが、当時はサインプレーなどなく、私も含めて誰も思いつきもしなかった。だが、ブレイザーは次に起きることを想定して、一塁ベースに入っていたのだ。

一つ先に起こることを想定する。ブレイザーの信条に私は心酔していた。「将来、この男と一緒に野球を考えながら、チームを運営したらどんなに素晴らしいんだろう」、そこで私が監督になったときに、彼をヘッドコーチに推薦したのだ。

はたして、私の眼力は的中した。ブレイザーは作戦の一つひとつが実に細かいところまで目が届く。たとえばヒットエンドランを決めるにしても、それまでは「空振りはするな。とにかく、バットに当てろ」というのが当たり前だったのだが、ブレイザーは、「一、二塁間か、三遊間か決めてゴロを転がせ」という。つまり、一塁走者がスタートしたとき、二塁へのベースカバーに入るのは、二塁手か遊撃手かそれを考えて打つ方向を決めなさいという考え方だ。

そうなると当然のことながら、データの集積が必要だが、その前に走者が一塁から二塁へスタートを切ってからフェイントをかけて、二塁手と遊撃手のどちらがベースカバーに入るか、ベンチにいる選手に知らせることが重要なのだと、彼は説いた。

「そこまで考えて野球をやっていたのか」

私は彼の理論にガツンと金づちで脳天を打たれるほどの衝撃を受けた。野球は1球1球の小さな積み重ねで試合が成り立っている。つまり、**小事をムダにせず、大切なものとしてとらえる思考が**生まれ、やがて習慣となっていけば、成功という名の「大事」が得られる。

これはどんな仕事でも共通していえるのではないだろうか。

ほんのささいなことでも目が行き届くことで、停滞している状況が打開でき、一歩、また一歩と前進することができる。**日々の小さな積み重ねの大切さ**を、リーダーは部下に日頃から教育すべきである。

裏方さんにこそ感謝させよ

裏方の人たちの仕事は評価されにくい。けれども、組織において欠かすことのできない人たちであるからこそ、リーダーは日頃から大切にすべきである。

私は選手に対して厳しく接する一方で、打撃投手やブルペン捕手、あるいはマネージャー、トレーナー、スコアラー、スカウトといった人たちには、必要以上に神経を使い、丁寧に接した。なぜなら彼らと選手たちとでは立場や状況がまったく異なるからだ。

彼らの仕事は決して陽の当たる仕事ではない。だが、いてもらわなければチームとして成り立たない。目立たないから分かりにくいが、彼らの仕事一つひとつがチームの命運を握っているといっても過言ではない。

マネージャーが手を抜けば、練習場所の確保もままならないし、トレーナーは選手の体を管理する。さらにスコアラーの集めるデータは相手を攻略するのに欠かせない。

現役時代の長嶋茂雄と王貞治にはそれぞれ専属の打撃投手がいた。〝恋人〟と呼ばれるほど重宝し、彼らの成績向上にひと役買っていたのはいうまでもない。今も球界を代表するような打者には、それぞれ自分が所属する球団にこうした〝恋人〟的立場の打撃投手がいる。これは裏方さんの大切さを知り、信頼していることの表れだ。

そこで私は、選手たちに常日頃から、「裏方さんに感謝の気持ちを忘れるな」と、くどいほど言っていた。チームが勝つには主力選手の活躍が必要だが、それもこれも土台から支えてくれる裏方さんの存在があってこそだ。

不思議なもので、裏方さんたちは陽の当たらない場所で縁の下の力持ちとなってチームに尽力してくれているがゆえに、些細なことにも敏感に反応してしまう人が多い。黙って仕事をしているうちに、私たちの心の内をすぐに察してしまう。彼らには絶対にウソをつけないのだ。

だからこそ私は、彼らがどうすれば生きがいを持って仕事に取り組んでもらえるか考えていた。裏方さんの仕事は表面上の数字には表れにくいだけに、充実感を持ってもらうことで、仕事の取り組み方が大きく変わってくる。

そこで私は、**些細なことでも声をかけて、彼らと積極的にコミュニケーションをとるように心がけた**。たとえば打撃投手の場合には、

「今日もご苦労さん。回転のいいボールが来てたよ」

と言葉をかけることを忘れなかった。「監督から褒められた!」と喜び、彼らの明日からの活力源になるだろうし、帰宅してから家族との語らいに花が咲いているかもしれない。

また、スコアラーが提出してくれたデータには丹念に目を通し、分からないことが

あればすぐに質問し、ミーティングではスコアラーが提出してくれたデータを片手に持って、選手たちに話をした。こうすれば、「監督はきちんと見てくれているんだ！それならもっと詳細にデータをまとめよう」などと気持ちも入り、さらによいデータ収集をしてくれるものだ。しかし、いざ提出しても監督が見てくれているかどうか分からない、あるいは反応がないようでは、データ収集にだって身が入らないに違いない。

この本を読んでいる会社勤めの人たちにも、会社内には陽の当たらない裏方的な立場の人がいるだろう。そうした彼らの存在なくして会社は成り立たない。表舞台で仕事をしている人たちは、そのことを少しでも考えたことがあるだろうか。

繰り返すが、裏方さんと表舞台で活動する人とは、本質的に仕事の内容が違う。それだけに傍からでは分からない、目に見えない苦労や心の葛藤だってあるものだ。そのような心理状態にあることをいち早く理解し、また毎日職場で気分よく働いてもらうためにも、日頃から感謝の気持ちを忘れずにいることは大切なのだと思う。

もちろん、裏方さんへ感謝する気持ちを持たせることも、リーダーの仕事である。

弱点こそリーダーが指摘し、意識的に強化に取り組まなければならない

長所は黙っていても伸びていく。反対に短所は矯正しないと直らない。短所を直さなければ、長所も活かしきれない。だからこそ短所の克服にはリーダーの指導が重要なのだ。

私は現役時代から人を観察するのが好きだった。これは捕手という仕事柄、相手の打者や投手のクセや傾向を見抜きたいという一心からそうさせたと言っても過言ではない。

もちろん自分が所属しているチームの選手に対しても、同様の目を向けていた。ただ、そんなときはクセを見抜くのではなく、「あの選手はこの数年間でだいぶ芽が出てきた。この点を鍛えたら、さらにもっと素晴らしい選手になるのに」と長所と欠点に目を向けていた。

あれはたしか西武時代のことだった。練習のスケジュールのなかにサーキット・トレーニングが組み込まれていたので、私も含めた全員の選手がそれをこなしていたのだが、ふとある若手投手のことに気がついた。彼はそのトレーニングにたっぷり時間をかけていたのだが、はたしてどれだけプラスになっているのか、私には疑問だった。

彼の背筋力やジャンプ力はたしかに素晴らしい。並み居る西武の選手のなかでも指折りだった。

ところが、その体力を肝心のピッチングには活かせない。つまりは体力ではなく、技術的な欠点があるのだ。下半身が使いこなせないため、スピードは出ないうえに、コントロールもよくない。彼が本当に取り組まなければならないのは、下半身をどううまく使えばピッチングに活かせるか、についてだ。

ところが、ピッチングは自分の思う通りにいかないので、やる気や根気が続かない。反対にサーキット・トレーニングは、他の選手たちがヘトヘトになっているのを尻目に、平然とした顔でやってのける。「アイツはすげえな」、誰もがその体力に驚いてくれることで優越感に浸る。それが楽しいのだろうか、彼はさらに時間をかけてやる。

私たちがサーキット・トレーニングをやっているのは、もっと体のキレをよくしよう、スイングのスピードを少しでも速くしたい、試合中にバテたくないなどの思いからだったが、彼は自分が得意だから、練習して楽しいからやっているだけに過ぎなかった。

体力はあるから、バテることによって、ピッチングにムラができるようなことはなかったが、肝心の欠点は補えず、何のためにサーキット・トレーニングをやっているのだろうと、私は疑問に思ったものだ。結局、この投手は才能を開花させることなく、この翌年に球界を去ることとなった。

この手の失敗はよくあることかもしれない。「長所を伸ばす」という、耳障りのいい言葉に惑わされて、指導する側もあるいはされる側も、ピント外れの方向に進んでしまう。「長所」とは、人がとやかく言わなくても、自分が意識せずとも自然にできてしまうものだ。

けれども**短所や弱点こそ、リーダーが指摘し、本人が意識して矯正や強化に取り組まなければならない**。

たとえば低めに強いが、高めに弱いという打者がいたとする。高めに弱点があれば、相手はそこを突いてくる。それゆえに高めを打てるようにならなければいけない。この場合、体の動きやバットの軌道が低めを打つのに適しているのだろうから、高めを打つためには上から叩くスイングを心がけなければならない。

苦手な高めのゾーンを克服すれば、低めに投げてくる確率が高くなる。つまり**欠点を強化することが、長所を活かすことにつながる**というわけだ。

もし部下が弱点を把握していない、把握はしていても分析できていないようであれば、どうすれば欠点を解消していけるのか。そのことをリーダーは部下に分からせる必要がある。長所は黙っていても伸びていくが、欠点はその改善に取り組まなければいつまでも欠点のままである。リーダーはこのことを念頭に置いておくべきだ。

天性の才能を正しく活かすことは、リーダーの務めである

天性とは神様から与えられた、もって生まれた能力のことだ。それを組織のなかで最大限に正しい方向で活用することこそが、リーダーに求められる役割の一つである。

プロ野球の世界では、１年に１度、新人を獲得するためのドラフト会議がある。ここで将来有望な若いアマチュアの選手を指名していくのだが、私はスカウトからの報告を受け、今、チームで足りないと思われるところと、チームとして伸ばしていかなくてはならないところを鑑みて、指名する選手を決めていった。このドラフトの成否が、その後のチームの命運を握っていた面があるのは事実である。

けれどもその一方で、選手の資質を見定めたとき、指導者の私がどうしても育てられない能力があった。それが「打球を飛ばすこと」、「速い球を投げること」、「足が速いこと」、この三つだ。これらの能力は、その選手が生まれ持った天性の才能と言い換えてもいい。

私の持論の一つに、「四番とエースは育てられない」がある。四番とはホームランが打てること、エースとはすなわち投手の中心的存在となるべき選手のことだ。

そしてここに「足の速い、俊足の選手」というのも条件に加えたい。私が阪神の監督だった2000年、シドニー五輪野球代表の指定強化選手がプロチームのキャンプに振り分けられて参加することになり、阪神のキャンプにやってきたのが赤星憲広だった。とにかく足が速い。足の速さだけなら、彼に敵う阪神の選手は誰一人としていなかった。

だが、ドラフトのリストをスカウトから見せてもらうと、赤星の名前がない。私が、「赤星がいないようだが……」とスカウトの一人に訊ねると、「打撃はダメ、守備はいいけど肩はそれほど強くない。いいのは足だけですよ」というのが彼に対する評価だった。

そこで私はスカウトにこう言った。「足が速いのは天性だ。それだけでも使えるんだから、指名してくれ」。こうしてドラフト4位で赤星が指名された。

そしていざ春季キャンプで彼の打撃練習を見ていると、まったくボールが前に飛ばない。それもそのはず、170㎝と小柄で細身の体であるにもかかわらず、なぜかホームランバッターが使うような、グリップが細いバットを使用しているではないか。せっかく「足が速い」という武器があるにもかかわらず、それを活かせない間違った努力をしているのは、本人のためには、あるいはチームのためにもならない。

私は赤星を呼んで、短距離打者が用いる、グリップが太いタイプのバットに変えさせて、「ショート方向にゴロを転がすつもりで打て」と指示した。彼の走力ならば、三遊間にゴロを転がせばすべてセーフになる。そう考えていたからだ。

はからずも、私の見立ては的中した。赤星は開幕から一軍の座をつかむと、そのままセンターのレギュラーを手中におさめ、1年目から39盗塁をマークして盗塁王となり、その後も5年連続で盗塁王のタイトルを手中にした。２００３年と２００５年は阪神がリーグ優勝を飾っているが、リードオフマンとしてルーキー時代に続き、さらなる活躍をはたした赤星を抜きにしては語れない。

天性の才能は指導して育てられるものではないが、**それを正しく活かし、経験をさらに積んでいく中で伸ばし続けていくことは、指導者の務め**である。遠くに飛ばす才能には恵まれているものの、バットに当たる確率が低ければどんな練習に取り組ませるべきか。あるいは速い球は投げられるが、コントロールはメチャクチャだという投手はどのように矯正すればいいのか。**指導者が適性と現状を見極め、正しい方向に導いていかなくてはならない**。

これが会社であればどうだろう。セールストークのうまい者もいれば、計算が得意だという人もいるだろうし、考察力に優れている者もいるかもしれない。

そうした人材がしかるべき場所で天性の才能を活かせるよう、新人時代よりもさらに伸ばしていくことが、リーダーに求められる役割の一つではないかと考えている。

天才肌と言われる人間には、プライドをくすぐれ

天才肌と言われる人は、あれこれアドバイスしても、簡単には「はいそうですか」と納得してくれないことが多い。その場合、プライドをくすぐることで、本人のやる気を起こさせ、そしてさらに自分に足りないものを見つけさせることも大事なことだ。

私がよく挙げる天才型の選手というのは、来た球を何も考えずに打ち返す、あるいは何も考えずに速い球が投げられるといった「何も考えずに」平然とやってのける選手を指す。この手のタイプは、**感性が非常に発達している**のが特徴だ。

こうした選手は、自分のスタイルに自信を持っている人が多く、指導するのが難しい。だが、才能のある天才タイプの選手をチームに活かさない手はない。

阪神の監督時代、もっとも目をつけていたのが新庄剛志だった。彼は典型的な感性だけで野球をするタイプの選手だったが、毎年の打率は2割台前半、本塁打は20本を超える年もあれば、一桁台の年もあるといったように、安定した成績を残せずにいた。

けれどもその一方で、身体能力が抜群なのである。どうしたらこの能力を試合で最大限に発揮させてやることができるのか、本気で考え、悩んでいた。

新庄にごく当たり前のように「野球選手は足腰の強さが大事なんだから、下半身をもっと鍛えなさい」と言っても、「太もものあたりが太くなって、今履いているジーパンが似合わなくなるから嫌です」と、こともなげに言ってのけるような、誰にも理解しがたい宇宙人的思考がある。

どうすれば彼に私の意図していることが理解してもらえるだろうか……。そこで思いついたのが、投手をやらせてみることだった。春季キャンプで、投手の練習に取り組ませたのだ。

実際に効果はてきめんだった。「今までのキャンプと違って楽しい」と報道陣に答えては、率先してブルペンに入って投球練習をしていたのだが、その後数日たってから、新庄のほうが私に歩み寄ってきて、こう切りだした。

「投手をやってみて気づいたことなんですけど、ストライクをとるのって、意外と難しいですよね」

よし、そうきたか！　私は待っていたとばかりに、

「そうだ難しい。だからお前さんが打席に立っているとき、相手の投手もそう思っているんだぞ」

と新庄に対して自然と相手投手の心理状態を説明することができた。彼も私の話をうんうんとうなずきながら真剣に耳を傾け、そして納得してくれた。このとき初めて、「打席に立った際、自分も苦しいが、相手の投手は自分と同じか、それ以上に苦しいんだ」ということを、新庄は論理的に理解できたわけだ。

当時の新庄は20代後半でこれからプロ野球選手として脂の乗っていく時期だったこ

ともあり、もう1段階も2段階も上のレベルで野球をやってもらわなくては困る。本気でそう考えていたから、理解してくれたことで彼の成長に期待が持てた。

その結果、新庄は私が阪神の監督に就任した2年目に、打率2割7分8厘、28本塁打、85打点と、キャリアハイの成績を残してくれた。そしてこの数字は、彼が引退した2006年まで抜くことがなかった。ほんのわずかかもしれないが、投手心理を理解できたことで、新庄自身、打撃に対する考え方が変わったことが、このような結果に結びついてくれたのだと思う。

天才肌の人間というのは、新庄に限らず、どんな分野においても指導するのは難しいことだろう。それに加えて、大きな実績を残していたりすると、プライドを傷つけるようなことはなかなか言えないものだ。けれどもそうした天才であっても、欠点は必ずあるものだが、直すのには単刀直入に言うのでは効果がない。

「お前はこんな才能もあるんじゃないか」と**プライドをくすぐるほうが、言われた当人のモチベーションが上がり、ヒントになる何かを発見させることにもつながるこ**とを、新庄との一連のやりとりのなかで大いに学んだ。部下を指導するための方法の一つとして、リーダーにはこのことをぜひ知っておいてもらいたい。

滅多に褒めない人が、たった一言だけ褒めると、相手の心に突き刺さる

厳しさを前面に打ち出した鶴岡さんのひとこと。あれは本当にうれしかった。普段褒めない人がフッとひとこと褒めると、その重みたるや、他の何物とも比較しようがないくらいうれしいものだ。

プロであるからには、当たり前のことを当たり前にやるのが普通であって、本来は褒めなくても、叱らなくても当たり前のことをやってくれないと困る。私が南海の選手時代の監督であった鶴岡さんは、怒ることは数限りなくあったが、褒めるということをまったくしない人だった。私が鶴岡さんから褒めてもらったのは、**16年間の間でたった2回**だけである。

一度目はプロ入り３年目で選ばれたハワイの春季キャンプから帰国した後だった。前年、チームはリーグ優勝を成し遂げ、そのご褒美にハワイへキャンプをしに行ったのだが、当時は海外旅行などしたことのない時代、練習が終わると毎晩のようにほとんどの選手が夜の街に繰り出していた。私はブルペン捕手兼用具係として雑務をこなした後、誰もいないホテルの庭で黙々とバットを振っていた。

そして夜遊びは日に日にエスカレートしていき、ついには鶴岡さんのカミナリが落ち、先輩たちは皆、試合で使ってもらえない雰囲気となったが、私は真面目に過ごしていたこともあり、翌日の現地チームとの練習試合でチャンスをもらった。現地のチームとは言っても、日本のプロ野球でいうところの二軍レベル。せっかく得たチャンス、鶴岡さん以下の首脳陣に対して、私の存在をアピールしない手はない。この間、私は十数試合に出場し、打率は3割をマーク。新人賞をもらうことができた。

羽田空港に到着した後、鶴岡さんは記者会見に臨んだ。その記事が翌日の新聞に掲載され、「ハワイキャンプは大失敗」という大見出しが私の目に飛び込んだ。「やっぱりそうか」、私は肩を落としながら読み続けていくと、「ただし一つだけ収穫があった。それは野村に使えるメドが立ったことだ」と書かれていたのを見て、救われた気がしたのである。

そしてもう一つは、一軍でレギュラーの正捕手として試合に出場しだしたある日、大阪球場のベンチ裏での出来事だった。試合前の練習が始まる前、私が通路を通ると、決まって鶴岡さんとすれ違った。私は「おはようございます」と挨拶するのだが、鶴岡さんはたいていの場合、ウンともスンとも言わず通り過ぎていくだけだ。

だが、このときは違った。いつものように、「おはようございます」と挨拶すると鶴岡さんはピタッと足を止めるなり、突然私にこう言った。

「ノム、おまえ、ようなったな」

今でも目を閉じると当時の情景が思い浮かんでくる。**「おまえ、ようなったな」。その当時、何度もその言葉を頭のなかで繰り返した。**

いつもは挨拶しても何一つ返事をしてくれなかった監督だっただけに驚いたが、時間が経つと急にうれしくなってきた。それまで何となく、プロの世界でやっていけるのではないかと感じていただけに、「おまえ、ようなったな」のひとことは、私に**自信と勇気を与えた。**鶴岡さんほどの監督であれば、人を褒める基準値が高いだろうから、常に厳しい目で見られている。そこに持ってきての褒め言葉だったので、**それまで以上にやる気がグンとアップし、向上心も湧いてきた。**

もしも一軍でプレーしただけで褒めるような監督だったら、私はすぐにダメになっていただろう。打撃部門のタイトルを獲れていなかっただろうし、そもそも45歳まで現役にこだわり続けたかどうかも怪しい。

私にとっての選手指導の基本は、南海時代における鶴岡さんの存在が大きい。とくに人をやたら滅多に褒めないことを学んだことは大きかった。普段から褒めないからこそ、人は向上心を持とうと思うものだし、監督と選手との間でえもいわれぬ緊張感が生まれる。今の褒めることが主流な時代だからこそ、鶴岡さんとのエピソードは異質に映るかもしれないが、リーダーのたった一言が、その後の部下を左右するほど、その影響力は大きいのだということを、心に留めておくべきだろう。

人を通じて褒めることも有効な手段である

監督本人が褒めずとも、コーチなどから間接的に褒めるということも効用がある。これも選手と信頼関係を築いていくうえで一つの方法だ。

私が監督を務めていたとき、選手に対して、「よくやった」と声をかけることはほとんどなかった。とくに勝利に貢献してくれた選手に対して、「次も頼むぞ」と言っていたのは、私よりもコーチ陣のほうだった。

私が毎試合、直接褒めてしまうと、選手たちにとってありがたみが薄れてしまう。前項で触れたように、たまに褒めたほうがありがたみが大きいのだ。また、褒められることは「それでいい」ということになり、現状に満足してしまう恐れがある。そのため、**監督の私自身が直接、褒めないように努めた**。

だが、それでは選手のやる気に拍車をかけられないと考え、私の代わりに褒めていた者たちがいる。それはコーチ陣だった。投手にしろ、野手にしろ、試合で活躍した選手に対しては、私自身もベンチ内で「ナイスバッティング」「そう、そのコースに投げておけば打たれないぞ」とよく口にしていたので、私がボヤいた褒め言葉を**コーチが選手にこっそり伝えていた**ようだ。

頻繁に直接褒めることをよしとしない私は、このコーチを通じて間接的に褒めることをあえて使うケースがあった。

もちろん、選手を褒めるときは、「ナイスピッチング」のひとことだけではない。

具体的に何がどうよかったのか、もうひとこと付け加えて伝えてやるのがよい。

たとえば先発していいピッチングはしたものの、試合の終盤にリリーフ陣が同点に追いつかれてしまって、勝ち投手の権利がなくなってしまった投手には、私がコーチに対して、「今日の彼のピッチングは変化球の制球がよかったな。5日後の試合で先発させるから、きちんと準備させておきなさい」

と伝える。それを聞いたコーチがその投手に対して、

「ナイスピッチング。今日は残念ながら勝ち星がつかなかったけど、変化球の制球がよかったから、打者のタイミングをうまく外していたぞ。このピッチングを続けていたら、間違いなく次につながるから、5日後の試合にむけて調整してくれ」

と言うわけだ。この言葉を聞いた投手は、試合で勝てなかったことを切り替えて、次回の先発に備えられるようになる。

プロ野球は半年以上の長丁場の戦いなゆえ、その試合で勝てなかったという無念さを引きずっていてはいけない。選手たちはできるだけ早く、気持ちを切り替えることが必要だが、そんなときには例外なく、私の言葉をコーチに伝え、そしてそれを個々の選手に伝えるようにしていた。

また、ときにはコーチではなく、捕手に伝えることもあった。楽天時代、田中将大が好投したものの、勝ちに結びつかなかったとき、捕手の嶋基宏に、「今日のマー君はよかったな。次も同じように頼むと言っておいてくれ」などと伝えたことがある。私の言葉を嶋はどう田中に伝えたかまでは分からないが、コーチや選手を挟んで監督が間接的に褒めるということも私は行っていたのだ。

選手に対し、こうしたフォローができることが、選手と信頼関係を築いていくうえで大切なことではないかと、私は考えている。

一般的な会社でも、間接的に褒めることは有効ではないだろうか。

リーダーが相手の目の前で褒めてしまうと、褒められたほうは「それでいい」と現状に満足してしまう可能性がある。それでは、さらなる成長を望めない。だからこそ、直接褒めるのは「たまに」でよい。

褒められることはうれしいし、やる気につながる。だからこそ、周囲の人間を通じて褒める方法も試してほしい。

部下を叱るタイミングは見計らったほうがよい

ミスが出たときに、叱るタイミングというものがある。大切なのは、その後の姿勢。あえてその場で叱らずに、ミスをした翌日の姿を見て判断すべきケースもある。

叱ってこそ人は育つ。プロ野球の世界で私が一番肌で感じ、そして学んだことだ。通常はミスをした、その直後に叱ることがほとんどだろう。だが、それだけではない。別の**叱るタイミングがある**のをご存知の人は、意外と少ないかもしれない。

たとえばエラーをしてしまった選手がいたとする。それが相手に決勝点を与える致命的なミスで、チームも負けてしまったのならば、相当落ち込むだろう。だが、こんなときに叱っても逆効果だ。エラーした当人は十分悔やんでいるだろうし、どうすれば防げたか、あれこれ思案しているかもしれない。

どんな人間でも失敗はする。もちろん私だってそうだ。試合の勝敗を分けるようなエラーをしたからといって、指導者はそこで責めてはいけない。**結果論だけで叱らずに、本人が失敗から何を学び取ろうとするのか**、その姿勢を見守ってやるべきだ。

そして翌日、本人が誰よりも早くグラウンドにやってきて、守備練習を繰り返し行っていたり、あるいはスコアラーやコーチとポジショニングの確認を綿密に行っているのだとしたらそれでいい。

今、取り組むべきことは技術的なミスを解消することなのか、あるいはやるべきことをすべて行っていなかったからなのかを確認しているのだから、指導者はさらに黙って見守るべきである。

問題は昨日の失敗をまったく糧にしていない場合だ。

翌日ケロッとした顔で現れるだけならまだしも、それまでと同じような練習をして、まったく反省の素振りすら見せないようでは、また次も同じ場面がやってきたときに同じ失敗を繰り返すかもしれない。このときはいよいよ指導者の出番である。

「昨日のエラーから、お前さんはいったい何を学んだんだ?」

こんな疑問をぶつけると、たいていの場合は即答できない。

技術的なミスなのか、あるいは守っている場所が悪かったのか、振り返って反省していないのだから、同じ過ちを繰り返す可能性が高い。ここで初めて「叱る」という行動に出るわけだ。

ただし、エラーをしたという結果だけを見て叱ってはいけない。結果だけで叱っては、「次はエラーをしないようにしよう」と無難に守備をこなそうと考えてしまう。これではその選手の持っている長所さえ奪いかねないし、試合中は常に監督やコーチらの顔色を見ながらプレーする可能性が高いので、思い切ってプレーすることができなくなってしまう。それはチームにとってもマイナスにしかならない。

失敗を恐れていては成長しない。**試合で失敗しても、それを反省し、次につなげる準備をしているのであれば、指導者は何も言わなくていい。**そうして選手は成長していくものだ。

「失敗と書いて、せいちょうと読む」という私の持論の真意は、まさにそこにある。野球の場合、打撃は3割打てれば好打者といわれ、7割の失敗が許される。つまり失敗だらけのスポーツなのである。

反対に考えれば、失敗を次につなげていくチャンスがたくさんあるということだ。失敗の原因を考え、対策を施す。これを続けていける者とそうでない者とでは、その後の成長に大きな差がつく。

リーダーは、部下にそのような姿勢があるかどうかを見るべきなのである。叱るタイミングを間違ってしまうと、逆にその選手のよさ、成長の機会を失うリスクもあるということは、リーダーであるならばぜひ覚えておいてもらいたい。

みんなの前で叱っていい者を、きっちりと見極めよ

ときにはチームに喝を入れる場面もやってくるだろう。そんなときには性格をよく見てどうやって叱るべきかを判断したほうがよい。

監督時代、多くの選手を見てきて、人はいろいろなタイプに分類されるものだと、実感したものである。十人十色とはよく言ったもので、人間的に素晴らしい者もいれば、一匹狼的で人と群れることを嫌う者、無口で一見何を考えているのか分からないが、野球をやらせたら誰にも負けない技術を持っている者。そしてこれらを束ねるのが監督である。

そのとき一番考えさせられたのが、選手の育て方だ。なにせ支配下登録されている選手は70人、一軍入りできる選手は28人とルール上で決められている。これだけの選手をまとめるとなると、監督として指導方針を決めておかなければ選手たちの心を掌握することは不可能だと考えていい。

そこで私は、ある指導方針を徹底させた。厳しく叱り、いいにくいことでもときにはズバッと言うことが彼らのためになると思っていた。優しい言葉をかけたり、褒めたりすることだけが愛情ではない。選手たちをわが子だと思えば、叱ることもまた愛情なのだ。

ただし、一つ注意すべきポイントがある。選手を叱ると言っても、**全員が全員、同じように叱ってはいけない**ことだ。叱られるのを厭わない者もいれば、厳しく叱責した途端にシュンとなってしまう者もいる。個人の性格や、それぞれ育てられた家庭環境によって違いはあるのだから、**叱り方については選手によって変えていた**。

たとえば人前で叱っていいのは、気持ちの強い選手、私が厳しい言葉を言っても反論してくるような選手だ。ヤクルト時代でいえば、古田敦也がこれにあたる。ミーティングでの古田とのやりとりは、ともすれば一触即発の事態になるのではないかと、後になってから当時の選手たちに聞いたことがあるが、私が「あの場面でどうしてああいう配球をしたのか、根拠を示せ」と質問すると、「これまでのデータに基づいた結果です」とか、「投手の調子の良さから考えました」と即座に答えが返ってくる。だが、私はそれでも納得しないと、「だけどこんな状況になることだって考えられないか？ もしそうなったらどう対処するんだ？」などと応酬し、さらに古田は反論してくる。

並の選手なら怖気づいてしまうような場面でも、彼はまったく臆することなく意見を主張することができたので、私は投手の配球に限らず、チームのタガが緩んだと見るや、必ず古田をやり玉にあげては叱責し、**チーム全体の空気を引き締めていた**。

けれども、これは古田のように自分の信念を頑なに持っている選手だから使えたことであって、全員にこうしたスタイルで叱っていたわけではない。大胆そうに見えて実は繊細な心の持ち主の選手や、普段から無口で自分のことをあまりアピールしないような選手には、個別に呼んで話をするようにしていた。

たとえば南海で一緒にプレーした江夏豊は、見た目はいかつく、強面の風貌であったが、話してみると繊細で気弱な部分も見えていた。だからこそ、彼にリリーフ転向をうながした場面や、耳の痛むようなよからぬ噂が流れていたとき、二人きりでじっくり話し合った。

投手というのは大胆そうに見えて、実は繊細な心の持ち主が多い。プライドが高い反面、あれこれきつく言われることを嫌う人種だ。叱り方にもちょっとしたコツが必要になってくる。そのためには**普段からの選手の言動や選手同士でいるときにどう振る舞っているのか**、つぶさにチェックしておく必要がある。

そのとき自分の考えをきちんと主張できる者であれば、きつく叱るのも一つの方法だろうが、普段から口数の少ない者に同じように叱っても逆効果なだけである。こうしたタイプはきつく言うよりも二人で腹を割って話すべきだ。このようなことを普段の仕事のなかでそれを把握しておくのも、リーダーの務めである。

「責任はオレが持つ。困ったらオレのところに来い！」と言える度量を持て

部下が追い詰められて窮地に立たされたときに、リーダーが放つ言葉で部下が勇気づけられて、乗り越えられるときがある。リーダーの力強い言葉、姿勢が部下を救い、人望を集めるという事実を知っておくとよい。

今でもふと思い出すことがある。南海時代、鶴岡さんの下でコーチを務めていた蔭山和夫さんのことだ。蔭山さんは南海の監督就任が決まった4日後に亡くなられたのだが、私のよき理解者であり、また野球を勉強させていただいた、数少ない恩人でもある。

それに、球歴も素晴らしかった。蔭山さんは旧制市岡中学から早大と名門を歩み、1950年に南海に入団。飯田徳治さんや木塚忠助さんらと「百万ドルの内野陣」を作り出し、内野手として活躍された。そして何といっても、蔭山さんの最大の武器は頭脳だった。

頭脳をフル活用して野球をすることを教えてくれたブレイザーとはまだ交流を持つ前の人だったが、蔭山さんは当時としては珍しく理論を持った指導者だった。私も幾度となく、「この場面はどう対処したらいいですか？」と、意見を求めた。

そんな蔭山さんだったからこそ、鶴岡さんから慕われた。鶴岡さんは軍隊野球、根性論をよしとしていたため、理論のある蔭山さんを大いに頼り、味方がピンチになると、「カゲ、この場面はどうやったら切り抜けられるんだ？」とアドバイスを求められたそうだ。

そしてあるときこんなこともあった。私が投手の配球で困っていたときのこと。その日、先発した投手が絶不調だったが、どうにか序盤、中盤と抑え切り、終盤を乗り越えれば勝利が転がってくるという展開だった。

だが、8回や9回ともなれば、相手も目の色を変えて攻めてくる。当時は今のように投手の分業制は確立されていなかったため、先発投手は完投が義務づけられていたのだが、どうにも乗り越えられそうにない。

8回の味方の攻撃の最中に蔭山さんに投手起用について相談すると、力強くこう言った。

「いいかノム、責任はオレが持つから、とにかく思い切ってやれ。困ったらオレのところにくればいいんだぞ」

私は胸に熱いものが込み上げた。鶴岡さんに相談しても、返ってくる答えは決まって「勉強せい!」のひとことで終わりだっただけに、「責任はオレが持つ」と断言してくれた蔭山さんの心意気は、私の心を勇気づかせた。

その結果、最終回も臆することなく、フラフラになった投手をリードし、見事に勝利をおさめることができたのだ。

このとき初めてリーダーたるもの、**自らが責任を持つくらいの覚悟がなければその立場の役目は務まらない**と実感した。その姿はのちの私に大きな影響を与え、責任感がある人とは、こういう人なんだと、蔭山さんの言葉から学びとった。

間違っても、失敗したときの責任を部下に押しつけ、成功したときの功績だけ自分のものにするようなリーダーにはなってはいけない。**リーダーが部下に責任を押しつけるようなマネをしては、部下は絶対についてこない**。

鶴岡さんの「勉強せい」という言葉で、たしかに独学で野球を一から学び直した面はあるが、自分一人では判断に迷う場面や、事態をどう打開すべきか結論が出ない場面というのは、必ずやってくる。そんなときに出てくるリーダーの「責任はオレがとる」の姿勢こそ、部下を勇気づかせるものだし、「この人についていこう」と信頼されるものである。

リーダーたる者ならば、この言葉を言う覚悟を持って、部下の指導にあたるべきである。

第3章

ベテランをさらに活かすための極意

組織のことを第一に考えられる人材にせよ

ベテランに求められるのは、豊富な経験で培ったスキルだけではなく、チーム、あるいは組織のことを優先的に考えられるかどうかである。

ベテラン選手がチームにいることは心強いことだ。数多くの経験を積み、ときには勝負の命運を左右するような修羅場だって乗り越えてきているかもしれない。だからこそ、チームが窮地に陥ったときにはベテランの振る舞いや言動で勇気づけられることだってある。経験豊富なベテランだからこそ、自分個人のことだけでなく、**チーム全体のことを考えて行動してほしい。**

そんななか、絶対にしてはならない、許してはならないのは、上司の悪口を後輩たちの前で言ってしまうことだ。ビジネスマンの場合、上司の悪口を肴にお酒を飲むこともあるだろうが、本音を言わせてもらえば、決して褒められたものではない。

仮に上司と意見が合わないために、後輩たち相手に上司の欠点を吹聴していたとしよう。それを後輩たちが聞いたらどう思うだろうか？　リーダーと一緒にチームを引っ張っていくべき者が、リーダーの足を引っ張るようなことを言うなんてことはあり得ない。

なぜこんな話を私がしたのかといえば、実は南海で鶴岡さんに批判めいた言葉を口にしていた先輩を思い出したからである。その先輩は、現役時代、ことあるごとに鶴岡さんを批判していた。当時の鶴岡さんは味方の攻撃時には三塁のコーチャーズボックスに立ってそこからサインを送っていた。つまり、攻撃時にはベンチのなかにいないのだ。

それをいいことに、その先輩はベンチのなかから、「そんな作戦はないだろう」「失敗するぞ、このヤロー」などと声に出して鶴岡さんの采配を批判していた。それが1試合、2試合だけでなく、毎試合続いていたこともあり、聞いている私たちもうんざりしていたものだが、ある日、同僚の数人が、「もう我慢できない」と言って、「○○を殴ろう会」という組織を秘密裏に作っていたことを知った。

「○○を殴ろう会」を作った人たちは鶴岡さんを慕っている。その上司に対して「バカヤローとは何事だ」というのが彼らの言い分だった。

だが、当時キャプテンを務めていた私は、「オレもお前らの気持ちは分かる。でも殴って解決することではないだろう。そんなことをしたらチームはバラバラになってしまうぞ」と言ってその者たちを諭した。当初は私の言葉にも納得していなかった様子だったが、しばらくすると「分かった。ノムの言うとおりにするよ」と振り上げかけた拳を下してくれた。

その後ほどなくして、悪口を言っていた先輩は、他チームへトレードに出された。

ベテランにはスキルがあり、後輩たちもそれを認めている。そんなベテランにはチームを引っ張っていく義務が出てくる。プレーヤーとして個人の成績をあげるだけでなく、チーム全体の成績をあげていく役目があるのだ。場合によっては個人の成績よりも、チームの成績を優先させることが求められているのがベテランなのである。

一見すると野球は投手対打者の側面があるから個人競技のように思えるが、９つのポジションに加えて控えの選手たちからなる団体競技である。だからこそ、集団の和を保つことが大切になる。

悪口を言い続けた南海時代の先輩のように、上司を批判するようなことを平気で口にするベテランがチーム内にいれば、言われた上司はもとより、周囲にいる人たちだって快く思わない人は少なからずいるものだ。そのような悪い影響を与えるベテランではなく、**周りによい影響を与えるベテランを育てること**が、リーダーには求められている。

それには、ベテランに対して、チームを引っ張っていくことの協力を仰ぎ、力を合わせながら一緒に進めていくことだ。ベテランを一プレーヤーとして扱うだけではもったいない。

ベテランの理想型は、王、長嶋から学べ

勝ち続けることは容易なことではないが、その可能性を高めるには、組織のなかで模範となる人がいることが重要だ。なぜならリーダーが、「○○を見習いなさい」とだけ言えば、他の大勢も納得してくれるからだ。

Ｖ９時代の巨人はたしかに強かった。Ｖ１とＶ９のときの日本シリーズで対戦したのは、私がいた南海だったが、いずれも勝てなかった。とくに１９７３年の日本シリーズでは、監督として初めて臨んだものの、１勝４敗とまったく歯が立たなかった。

この記録はとにかくすごい、の一言に尽きる。１９８０年代後半から90年代前半にかけて、西武の森祇晶が８度の優勝、６度の日本一に輝き、最近だと原辰徳が監督だったときの巨人が２回、Ｖ３を達成しているが、日本一には２度しかなっていない。それを考えると、川上哲治さんが監督のときに達成したこの記録は、未来永劫破られる日が来ないかもしれない。

Ｖ９を達成することができたのは、川上さんの指導力の賜物でもあるが、そうしたなかで長嶋茂雄と王貞治の存在を忘れてはならない。

２人は３番と４番に座って巨人打線を牽引しただけでなく、とにかくよく練習していた。多摩川のグラウンドでは陽が落ちても最後まで居残って汗を流していたというではないか。数々の打撃タイトルを獲っても、「もっとうまくなりたい」と思うその向上心たるや、当時の若手選手でなくとも見習いたいものだ。

そしてＯＮが他人の何倍も努力していた点については、川上さんも感謝していたはずだ。

若い選手が練習中に手を抜いたり、だらけていたりしようものなら、「お前たちもONを見習って練習しなさい」とだけ言えばいいのである。ましてや若い選手たちからしたら、ONは尊敬する偉大な先輩だ。2人が一生懸命練習しているのに、自分たちが手を抜くなんてとてもじゃないができないはずだし、彼ら2人の2倍、3倍以上練習したって、おかしな話ではない。

それに長嶋も王も、若い選手たちに「もっと練習したほうがいいぞ」と言ったなどという話は、一度も聞いたことがない。

長嶋は監督になってから、江川卓や中畑清ら、後の巨人の主力となる若手選手たちを鍛えた、伝説となった伊東キャンプでぶっ倒れるまで練習をさせた逸話はあるが、現役時代は自分のことで必死だったはずで、人のことまでとやかくいう頭はなかったのだろう。

だが、練習している姿勢から、若い選手たちに学び取らせたというのは大したものである。王は昔、「練習を怠る人が上手くなることはないんです」と言っていたが、彼がもし、日頃から練習を怠けていたら、世界一のホームラン王となることなど不可能だったに違いない。

もし当時の南海にＯＮのような存在の選手が２人もいたら、監督だった私は大いに助かっていただろう。戦力面がアップするのはいうまでもないが、それ以上に練習時からみんなの模範となるような取り組み方をしているのだから、「彼らを見習いなさい」と言えば、反論されることもなく、みんなが黙ってついてくることが容易に想像できる。

会社組織においても、長嶋や王のような存在のベテランがいたら、上司はきっとラクになるだろう。「彼らを見て学びなさい」と言えば、若い社員たちは納得してくれるだろうし、「あれだけ実績のある人が頑張っているんだから」と発奮する材料にだってなる。

偉大な実績を残した人材を模範とするべき姿勢は、どんな世界においても変わりはあるまい。**身近にいる「みんなの鑑になる人」を挙げて、部下を発奮させてやる気にさせるのは、効果が高い方法**である。

若手の模範となる人材を育てよ

ベテランと言われる人間ほど、独善的な人間であってはいけない。若手にも指導できるよう、普段から自らを律し、あるべき姿を見せるベテランが理想で、そのような人物を育てることを、リーダーは求められている。

ベテランはチームの鑑になるべき存在でなければならない。

よくよく聞けば当たり前のことのように思えるかもしれないが、私自身、現役時代の晩年は、独りよがりな行動をしないよう、また若い選手たちからアドバイスを求められたら正しく教えられることを念頭に置きながらプレーしていた。「あの場面、どうしてあのボールを選択したんですか？」「打者心理について、もっとよく知りたいのですが」などと聞かれようものなら、私がこれまで培ってきた経験という名の財産を惜しみなく伝え、そして理解してもらうことに努めていた。

こうした考え方は監督になってからも変わらない。ベテラン選手の立ち居振る舞いというのは、少なからず若い選手たちに影響を与えるものだ。チームの中心にいることで、選手全体に安心感を与える。とくに強いチームのベテランというのは、得てして**成績以外の部分でも頼りにされることが多い**ものだ。

楽天時代に出会った山﨑武司は、すでにベテランの域に入っていた。中日時代にはあの松井秀喜とホームラン王を争ってそのタイトルを手中に収めたこともある、経験豊かな打者であった。

だが、その一方で山﨑に関してはよからぬ噂も耳にしていた。中日時代の晩年やオリックス時代は、首脳陣批判を行ったことが原因で、チームを放出されたというではないか。そのうえ私が楽天の監督に就任すると、「あの人とは合わない」とあまりいい印象を持っていなかったというから、指導するのにひと苦労するかもしれないな、と私自身も危惧していた。

そしていざ山﨑と接してみると、事前に聞いていたことと印象が違うことに気がついた。非常に正義感が強く、自分の考えもしっかり持っていて、それでいて独りよがりなところがない。そのうえ後輩たちに対してアドバイスをしていることも一度や二度ではなかった。

同じアドバイスでも、上司が言うのと先輩から言われるのでは、受け取る側も大きく違う。上司から言われると「チェッ、分かっていますよ」と少しいぶかしがることもあるが、先輩から同じことを言われると、「ああ、そういうものか」と納得することが往々にしてよくある。

それに山﨑はアドバイスするだけでなく、やるべきことをやっていない選手や、全力を尽くしていない若手に対してはきちんと叱ってくれる。あるとき、やる気の見られない選手に対して私が注意しようとしたら、その前に山﨑が叱ってくれていたなんてこともあった。

そしてベテランは簡単には試合に休まないこと。これが大切だ。なぜならベテランともなると、高給を取っている選手が多い。若手よりもはるかにお金を稼いでいる選手が少々のケガで休むなんて言語道断である。そのことを理解していた山﨑は、シーズンに入ると、滅多なことでは試合を休まなかった。

彼のような先輩がチームにいると、全員が「しっかりやらなければならない」とよい緊張感が生まれる。このことは監督にとっては非常にありがたいし、頼りにしたくなるものだ。２００９年に楽天が2位に躍進したのも、彼の存在抜きには語れないと、私は今でもそう思っている。

このことは、会社組織においても同じことがいえるのではないだろうか。

ベテランがみんなの模範となるような行動をしている組織は強い。

山﨑のような人材を育成するのもリーダーの務めなのである。それにはまずリーダー自身が鏡のような存在になることである。ベテランとなり、ひいてはそれが若者の模範となることが、山﨑のようなすばらしいベテランを育てる源になるはずだ。

その道を極めた人ほど、独特の感性を持っている。それを活かせ

達人や名人と呼ばれる人は、「なるほど!」と、聞いた人をうならせるような言葉を必ず持っている。そこから学ぶことは多いにあるし、ぜひ参考にしたいものだ。

どんな分野においても、頂点を極めた人の言葉というのは実に興味深い。たとえば劇作家のシェイクスピアは、「慢心は人間の最大の敵だ」、哲学者のニーチェだと、「あなたが出会う最悪の敵は、いつもあなた自身であるだろう」、そして経営の神様と言われた松下幸之助にいたっては、「志低ければ、怠惰に流れる」。どれも野球の取り組み方に結びつけられるが、実に含蓄がある言葉だと感心させられる。

野球界でも頂点を極めた選手というのは当然いるが、**自ら身につけた技について語るとき、独特の言い回しをしている**のも特徴の一つといえよう。

阪急のリードオフマンとして昭和40〜60年代に活躍した福本豊は、日本のプロ野球史上歴代１位となる１０６５盗塁をマークした。これは昔の話だが、彼に会ったとき、「盗塁とはなんだろう?」と禅問答のような質問をぶつけたことがある。

そのとき返ってきた答えが、

「ノムさん、それは眼ですよ」

私は思わず面食らってしまった。私は福本の口から、「次の塁へ進もうとする勇気ですよ」とか、「スタートが肝心なんです」といった、ありきたりの答えが出てくるんだろうなと、高をくくっていた。

だが、福本の口から、「眼ですよ、眼」と言われたとき、脳天をガンと叩かれたような、強いショックを受けた。

福本のいう「眼」とは、いうまでもなく「投手を見る眼」のことだ。投手はセットポジションに入ったとき、打者に投球するか、塁上の走者に対して牽制を投げるか、100%の確率で決めている。そのため、投球モーションと、牽制球を投げるモーションには、おのずと違いが出てくるのは仕方のないことだ。福本はそれを見破る眼力こそ、盗塁の秘訣だと胸を張って主張していた。

彼も盗塁王を獲り始めた頃は、「ええい、行ってやれ」と思い切りのよさだけでスタートを切って、脚力にものをいわせて成功させていた時代があった。しかし、それを5年、6年と積み重ねているうちに、盗塁の基本が「投手のクセを見破ることである」と気がついたのだろう。

盗塁を決めるのに投手の細かいクセを盗むなんて、当時のプロ野球はまだ誰も発見していなかった。大方の選手が、盗塁王を獲り始めた福本のように、勘と思い切りのよさを活かすに過ぎなかった。

福本は「走る」という分野を通じて、自分を磨いていった。まさにその道の達人の域に達しているといえよう。

ベテランには、福本のように独特の感性を持った者がいるはずだ。その感覚を後輩にも伝えていくことがリーダーには求められる。

それには、福本のような**ベテランと一緒に、後輩を指導していくことだ。**後輩を育てていくのは、リーダーだけの仕事ではない。**ベテランにも後輩を伸ばす責任がある**のだ。このことをベテランに伝え続けることがリーダーには求められる。後輩を育てる経験は、ベテランの成長にも必ずつながる。ベテラン自身がリーダーとなるチャンスも生まれるのである。

あなたの職場にも一芸を追求するような社員はいないだろうか。そして、その人は口べたただったりしないだろうか。

そうした人材を活かすことは、プレーヤーとしてだけではない。後輩を指導させることでも活かさない手はない。そうすれば、組織はより強固なものになっていくに違いない。

自分のスタイルを確立しているベテランにも、前向きに変わることの重要性を諭せ

プライドというのはやっかいなもので、人間は歳をとればとるほど、それが増長されてくる。そのような者でも、前向きな変化に導くのがリーダーの役目である。

まだ社会経験の浅い若い人たちが覚えるべきことは、仕事のスキルアップはもちろんのこと、一社会人として必要な言葉遣いや立ち居振る舞いといったマナーも当然のように学ばなければならない。これらは将来、自分のための投資だと思って磨いていけば、必要なスキルは必ず身についていく。

その一方で、**歳をとってから育ったものはスキル以上にプライド**だったという人も意外と多い。「オレはそんな仕事はやる必要はない」「新しいやり方など覚える必要はない」などと、自分で勝手に決めつけてしまったり、人と比較して自分のほうが劣っていたとしても、「そんなことはない。何かの間違いだ」と言って抵抗する。プライドばかり育ってきてしまい、成長を放棄した者の言い訳だろう。

なぜプライドばかり育ってしまったのか。理由はいくつも挙げられるだろうが、私はそれまでの上司や先輩が、人間教育をしてこなかったのが最大の原因とみている。

私が54年間、お世話になったプロ野球の世界は、いわば人使い業であると言っても過言ではない。仕事の大部分はそれが占めている。人を使い、動かし、集団を率いて戦うために何が必要かといえば、言葉しかないと私は考えていた。

人は変わることを恐れる生き物だ。ましてやベテランのように、自分のスタイルを築き上げてきた者にとって変わるということは容易ではない。変わることが悪くなることだと考えてしまうからだ。

しかし、対戦相手のスキルや後輩たちのスキルが変化してきているのだから、自分も変わらなければ、じり貧になってしまう。でも、それがなかなかできない……。

そのような変化を恐れる人間に、口を酸っぱくして言ってきた言葉がある。

「進歩とは変わること、変わることが進歩である」

変わることを嫌うベテランでも、進歩すること、すなわち成長していくことに対しては、否定しない。そこをついた言葉として、この表現を幾度となく使ってきた。

変わることの重要性について、強く印象に残っている選手がいる。南海の選手時代の盟友、皆川睦雄である。

皆川は私の同期で、エースの杉浦忠に次ぐピッチャーとして南海の黄金時代を支えていた。すでに170勝をあげていたが、自分の限界を感じ始めていたのだろう。私に「どうすれば、これから先も長く投手を続けていけるかな?」と、真剣に相談にやってきた。皆川には左バッターを苦手にしていたが、外角に逃げていくシュート、シンカーという武器を持っていた。その武器を、より活かすために、少しだけ内角に曲がるスライダーを覚えることを勧めた。

皆川はその提案を受け入れ、シーズンオフの秋から春季キャンプを使い、スライダーの練習に励んだ。成果はすぐに発揮された。苦手だった左バッターから数多くのアウトを積み重ね、最多勝と防御率の二冠に輝いたのだ。

皆川は、１７０勝という輝かしい実績の持ち主でありながら、変わることに挑戦し、成功を勝ち取った。過去の実績やプライドにすがりつくより、未来のためのチャレンジを選んだのである。

一般的な会社でもベテランは、スキルを持っているため変わることに臆病になっているだろう。でも、時代がどんどん変化していくなか、自分だけ変わらないでは生き残っていけない。

リーダーは、このことをしっかりと言葉で伝え、よい方向に誘導してほしい。基礎、基本ができているはずであるベテランなら、必ず皆川のような武器を持っている。その武器を活かすために、変わることにチャレンジさせるのはリーダーの役目であり、それを実現することができるのは、リーダーの言葉の力にかかっている。

そして、言葉の力をつけるためには、読書がなにより最適である。

結果を発揮できる方法をしっかり身につけさせよ

リーダーならば、結果を出す方法をつかんでいるはずである。そのスキル、ノウハウを、成果を出しにくくなってきたベテランに伝え、彼らを再生させることはリーダーの仕事である。

私は捕手だったがゆえに、打者を分析することが最大の仕事だった。野村野球の根幹は、「相手を分析する」ことにある。

打者はみな、変化球の対応をどうするかという共通のテーマを持っている。そのことを知ったとき、私は打者をA、B、C、Dと４つのタイプに分けた。

A型は理想型で、ストレートに合わせて変化球にも対応できる、いわば天才がこれに当てはまり、長嶋茂雄や松井秀喜などがいる。

次のB型は、内角か外角か、コースに分けて対応していくタイプで、イチローがその代表例だ。

C型は右へ打つか左へ打つか、流すかあるいは引っ張るか方向を決めて対応する。現在メジャーで活躍している青木宣親が、その典型である。

そして最後のD型は、配球を読んで打つタイプ。私は間違いなく、このD型の部類の選手だった。

D型は、ともすればヤマを張って打つとも言い換えられるが、決して当てずっぽうのヤマ勘などではない。「前の打席は内角で打ち取られたから、この次は外角に来る！」と根拠があれば、それは立派な読みになる。

読みが当たればヒットになる可能性が高いが、読みが外れると思い切り、バットが空を切る。

しかし、私は捕手であるため、人よりも読み優れているという自負があり、実際読みが当たることが多かったからこそ、選手としても多くの実績を残すことができたのである。

私のこの読みによる打撃は、教え子たちにも役に立った。代表としては小早川毅彦と山﨑武司だろう。

小早川は広島でクリーンナップを張ってきた選手で、ヤクルトの監督時代にトレードされてきた。山﨑は中日時代、松井秀喜を抑えてホームラン王のタイトルを獲得した選手で、私が楽天の監督に就任したときにいた。

彼らには才能があり、その才能を発揮してきたからこそ、中心選手として活躍できた。先ほど言うところのA型だ。しかし、若手の台頭や自分の力の衰えのため、それだけでは通用しなくなってきたため、トレードされたのだ。

彼らを再生させるために、私はD型の配球を読んで打つという方法を伝えたところ結果を出した。

小早川の場合は、移籍してきた年の開幕戦で、巨人のエース斎藤雅樹から、三打席連続ホームランを放ち、その年のセ・リーグ制覇、日本一の立役者の一人となった。

山﨑の場合は、少し時間がかかったが、２００７年に打点王とホームラン王という二冠に輝くまで復活することができた。

つまり二人のベテランは、再び活躍することができたのだ。そして、そのベースには、私が**選手時代に考えに考え、苦労に苦労を重ねてつかんだコツがあった**ということである。配球を読むことをベースにした打撃というアドバイスがあったからこそ、彼らをよい方向に変化させられたのだ。

本書を読んでいるあなたもリーダーであるならば、これまでに何度も実績を重ねてきたはずだ。そのベースには必ずあなたのスキルやノウハウがある。それらは努力を積み重ねてきたからこそ、蓄積された宝だ。

その宝は、成果をあげにくくなってきたベテランにも、大いに役立つものであるはずだ。**その宝を惜しみなく、彼らに伝えてほしい**。あなたの実績という裏付けがあるため、伸び悩んでいるベテランも試してみたくなるはずだ。きっちりとベテランをいざない、彼らを再生することはリーダーの仕事である。

頑固者を説得するには、言葉とタイミングを選べ

頑固な人ほど、簡単に首をタテに振らないので、根気強く熱意を持って話すことを忘れてはならない。

どんな組織にも変わり者、あるいは頑固者と呼ばれる人はいるものだ。それが圧倒的な実力を持った人であれば、なおやっかいに感じることだろう。

私の場合でいえば、南海時代にトレードでやってきた江夏豊がそうだった。江夏は阪神時代、当時のセ・リーグを代表する左腕で、巨人戦であのＯＮをキリキリ舞いさせたかと思えば、球界の実力者が集まるオールスター戦で９者連続三振という離れ業をやってのけた。

だが、南海にやってきたとき、彼の左腕は10年以上にわたる勤続疲労でボロボロの状態だった。おまけに心臓に持病を抱えていたから、満足に走ることさえできない。

移籍当初は先発を任せていたものの、やはり芳しい結果を残せずにいた。けれども針の穴を通すコントロールはあるし、球威は全盛期には及ばないものの、短いイニングなら打者を打ち取るツボを知り尽くしている。南海に移籍してきた当時の江夏は28歳とまだ若かったが、経験値はベテランのそれと同等か、もしくはそれ以上だった。

そこで私は江夏が移籍して２年目になってからリリーフへ転向するように提案してみたものの、なかなか首をタテに振らない。江夏曰く、「阪神から南海へトレードされただけでも十分屈辱を味わっているのに、さらに先発の座から降ろして恥の上塗りをさせる気ですか」と食ってかかってくる。おまけに「人が汚したマウンドの尻拭いをなんでオレがしなきゃいけないんですか」と苛立っている様子がはっきりと見てとれたのと同時に、彼の先発投手としての矜持がその言葉からヒシヒシと伝わってきた。

私はこんな状態でいくら説得しても埒が明かないと思い、根気強く説得し続けることにした。当時の江夏は私と同じマンションに住んでいて、しかも部屋は隣同士だったので、何かにつけてはリリーフの話をしていたのだが、なかなか乗ってくる気配がない。どういう言葉がいいのだろうかと私は思案するも、答えが出てこなかった。

だが、ある練習日の昼間、太陽が燦々と輝く外野の芝生のあたりで江夏を前にした私は、自然とこんなセリフを口にしていた。

「どうだ、**リリーフの分野で革命を起こしてみないか**」

彼は実にプライドが高い男だ。プライドの塊と言ってもいい。一度断ったことを、ちょっとやそっとじゃ、ウンとは言わないだろう。それならプライドをくすぐるような言葉をかけてみるのがよい。私は江夏の性格や心理を読みながら、そんなことばかりを考えていたので、単刀直入に言うよりも、心が躍るような、ワクワクした気持ちにさせる言葉のほうが、効果がある。そう結論づけたのだ。

江夏は私の言葉に興味を示してきた。「革命ですか!?」、これまでリリーフ転向の話をすると、怪訝そうな表情を浮かべていた彼が、驚いた顔をしていた。そこで私は続けざまに、

「そうだ革命だ。これからの時代、先発よりもリリーフのほうが大事な時代が必ずやってくる。若い人たちがその後を歩いていけるような、大きな道を切り開く先駆者になってもらいたいんだ」

江夏は驚きから何かを決めたような表情に変わった。少しの間、無言になった後、

「分かった。やる」

その後、江夏はリリーフに転向して数多くの成績を残しただけでなく、南海を出た後に広島、日本ハムで優勝に貢献し、「優勝請負人」の異名もとった。

頑固な人というと、気難しい、簡単には説得できないというイメージをお持ちの人が多いかもしれないが、私は**説得する人の熱意と根気があれば、いつか必ず理解してくれる**ものだと思っている。その際、印象に残るような短いフレーズを入れることを心がけるのがよい。私の場合でいえば「革命」という言葉だったが、相手をハッとさせることで、何かに気づき、感じ取ってくれるはずだ。

ベテランは、叱るより諭せ

ベテランともなると、人間的にいい意味で完成されていることが多い。そのような人に対してはただ叱るのではなく、「諭す」ことを念頭に置いた叱り方をするべきだ。

ベテランと呼ばれる人は豊富な経験を持ち、組織において必要不可欠な存在となるものだ。ときには上司が仕事上のことで相談するなど、頼りにすることだってあるだろう。

そんなベテランがミスをしたら、上司はどう叱るべきか。私だったら配慮のある叱り方をするだろう。**言うならば「諭すようにたしなめること」**だ。ヤクルト時代でいえば、広澤克実がこれに当たる。

広澤は人間教育の厳しい島岡吉郎さんが監督を務めた明大で４年間過ごし、ロス五輪の日本代表にも選出され、金メダル獲得に貢献した。若いときから自己管理も徹底していて、人間的にも大人だった。

たとえばスランプのときやミスをした翌日は自ら志願して、特守や特打を志願し、これまでの失敗を挽回しようと必死だった。チームの中心選手のそのような姿は、他の選手たちにも好影響を与える。私がヤクルトの監督に就任した当時の広澤は28歳とまだまだベテランと呼ぶには早かったのだが、試合に出場している野手のなかでは年長組に入ったので、ベテランと同じ位置づけで接していた。

ただし、そんな広澤にも欠点があった。池山と同様に、バットをブンブン振り回しては空振りばかりして三振の山を築いている。85年から92年までの8年間、毎年のように100個以上の三振を喫していた。打線の中心にこんな恥ずかしい記録を作られては、監督としてもたまったものではない。そこで私は広澤を呼んで2人きりでじっくり話すことにした。

「お前さんは四球になると、嫌そうな顔をするな。四球は嫌いか?」

「はい、好きではありません。できれば打ちたいです」

「それでフルカウントになると、当たりそうにないボールでも振りに行くのか?」

広澤は無言で私の話を聞いている。そして続けざまに、

「監督としては、三振よりたとえ四球であっても塁に出てくれるほうがありがたいんだ。それに相手の立場に立ってみろ。四球で走者を出すのはいやなもんだろう。それがボール球を振って三振なんかしたら、相手を勢いづかせるだけだと思わないか?」

黙り続ける広澤に対し、さらに私はたたみかける。

「自分だけが目立つんじゃなくて、勝つことで数百万人のファンを喜ばせることが、この仕事の醍醐味なんじゃないのか?」

広澤はハッという表情をしていた。何かを感じ取ってくれたような、そんな顔だっ

たのを今でも覚えている。

そしてこれ以後、広澤は明らかなボール球には一切手を出さなくなった。相手チームは塁上に走者がいたときに彼を迎えると、明らかに嫌そうな顔をしていたことからも分かる通り、広澤は名実ともにチームの頼れる主砲へと変貌を遂げたのだ。

このように組織のベテランには**きつく叱責するよりも、心を揺さぶられるような、感動を与える言葉を与える**ほうが、効果的な場合がある。若い人たちは知識や経験が違う。彼らと同じ存在だととらえてはいけない。

心に響くような言葉を投げかけてあげれば、「そんなにオレのことを頼りにしてくれているんだな」と自覚し、それまでの考え方からあらためる。そうなると行動にも変化が起きる。それこそがリーダーがベテランに期待していた真の姿だったはずだ。

私には「叱ってこそ人は育つ」という信念があるが、**諭すように叱る方法もあると**いうことは、多くのリーダーにも学んでもらいたい。

幅広い視点を持つベテランだからこそ果たせる役割がある

組織には表舞台に立つ者、それを下から支える者など、さまざまな役割がある。組織のことを考えられるベテランだからこそ、あえて任せられる「役割」もある。

野球は投手対打者がメインで、勝利数や防御率、打率やホームラン数などの記録があることにより、個人対個人で勝負をする印象があるが、チームでの連携も必要なスポーツである。守備でいえば投手や捕手に加えて内野手が４つ、外野手が３つあり、それぞれの守備位置で役割を果たしながらチームとして守る。

打順も１番から９番まであり、「打線」という言葉があるように、線のようにつながらなくては得点に結びつかない。当然、それぞれの打順には、それぞれ重要な役割がある。たとえば、１番打者は塁に出て、機動力を活かして進塁する。２番は走者を進塁させ、クリーンナップにつなぐこと。そして、クリーンナップは塁にいる走者をホームに返すことが求められる。

私が監督時代、いつも頭を悩ませていたのは２番打者、とくにヤクルト時代はこれという打者が固定できずにいた。２番の役目はつなぎ役、つまり主役ではなく脇役である。先頭打者として塁に出てホームに返ってきたり、クリーンナップのように打点をあげる主役の間に入り、バントで進塁を助けたりする。進塁させるバントを「犠打」というように、チームのために自分を犠牲にする〝いぶし銀〟的な役割が２番には多い。いい脇役がいなければ、主役は輝くことができない。

つまり、目立たない存在であるが、重要な打順が2番なのだ。この2番を打つ打者は、個人よりもチームの勝利を優先できる選手が必要なため、幅広い作戦に臨機応変に対応できる人間でないと務まらない。

私の記憶のなかで印象に残っている、いい2番打者は本当に少ない。巨人にいた土井正三、川相昌弘、南海にいたブレイザー、阪急にいた大熊忠義、ロッテと阪神にいた弘田澄男くらいなものだ。

そうしたなか、宮本慎也は2番打者の役割をきちんと理解し、**「一流の脇役」を担ってくれた**。

宮本は高校時代から守備が抜群に上手く、それが買われて大学、社会人を経て、プロの世界に入ってきた。当時のヤクルトは、それまでショートのレギュラーだった池山隆寛がひざを故障したことからコンバートを考えていたため、池山の後継者候補の一人として宮本を獲得した。

新人の頃の彼は、おもにショートの守備固めとして一軍の試合に出場していたが、その後は守備力を有効にチームに活かしたいと考え、ショートのレギュラーに抜擢した。だが、打撃は非力だったため8番に固定していたものの、「お前にはいずれ2番を任せるから」と言い続けていた。当時の宮本は練習時からバントをはじめ、センターから右方向に打つことを心がけさせ、２番として必要な技術を身につけさせていた。

その後、私がヤクルトの監督を退任した２００１年あたりから宮本は２番に定着し、２０１２年には大学、社会人野球出身者として史上２人目となる２０００安打を達成したのだが、私が２０００安打以上に評価したいのは、４００犠打を達成したことだ。名球会入りを果たした打者で、４００犠打を達成したのは、宮本が初めてだった。これもチームが勝つことを第一に考えてプレーしていたからこその記録ともいえる。

宮本の働きぶりは、一般企業においても役に立つはずだ。表に出ることの多い人間もいれば、目立たないところでしっかりとその役割を果たしてくれている「名脇役」のような存在の人間もいる。そこで、**個人よりも組織のことを第一に考えられる「一流の脇役」の存在は、絶対に必要な存在**であり、その役割を果たすことができるのは、新人や中堅にはない幅広い視点を持つことのできるベテランだろう。

リーダーが、そのような人間を大事にすることができれば、組織はより強くなっていくに違いない。

第4章

トップになる者の極意

優勝すること、それがよい監督の定義である

よい監督の定義はズバリ「勝つこと」だ。どんなにいいと言われても、勝たなければ名将とはいえない。それに加えて、人間力のある人を育てることも重要な条件である。

長くプロ野球界で仕事をしてきた私だが、以前、講演で全国各地を飛び回っていたときに、質疑応答の場でこんなことを聞かれたことがある。

「プロ野球の世界でよい監督というのは、どういう実績を残した人を指すのでしょうか？」

なるほど、的を射た質問だ。この人の周囲には野球ファンが多くいるそうだが、あるとき名将の定義を巡って議論になってしまったそうだ。ある人は優勝回数の多い人と言い、またある人は監督としての勝利数だと言えば、私は監督年数の長い人だと答える人もいて、結局、結論らしい結論は出なかったという。おそらく誰に訊ねても、「名将の定義」を即答できる人はいないのではないだろうか。

だが、私に言わせればこの答えは明快だ。基準をどこに置くかで名将の定義は変わってくるかもしれないが、私は**「優勝経験のある人」**を条件としている。ファンや選手はなによりも優勝を望んでいる。それに応えた監督が名将の条件である。

日本のプロ野球で三大監督といえば、南海の鶴岡さん、巨人や西鉄などで監督を務められた三原脩さん、巨人や中日で指揮した水原茂さんらの名前が挙げられるが、３人に共通しているのは、リーグ優勝に加え、日本一も複数回どころか、４回も５回も達成されている。この点が非常に素晴らしい。

たしかに優勝しなくても、長く監督を務められた人もいる。その筆頭格が、毎日や大毎、近鉄などの5球団を渡り歩き、通算20年間監督の座にいた別当薫さんだ。別当さんは慶大出身のダンディーでその知的な印象から「球界の紳士」と言われた監督として、大毎で山内一弘さんや榎本喜八、近鉄では土井正博、大洋では松原誠や田代富雄（現巨人巡回打撃コーチ）らを育成したものの、別当さんが所属されたどのチームも決して強いとはいえなかったゆえ、優勝には巡り合えなかった。それでも通算で20年間、監督を務められたのは、別当さんの人柄によるところが大きいのであろうが、優勝という観点で考えると、残念ながら名将の部類には入らない。

他に挙げるならば間違いなく巨人の川上さんだろう。豊富な野球の知識とそれに基づく卓越した理論を駆使して、前人未到の9連覇を達成したうえ、藤田元司さんや長嶋、王、森、高田繁、土井正三、堀内恒夫といった教え子たちが次々と監督にもなった。人材育成の面でも素晴らしい功績を残された。

中国のことわざに「財を遺すは下、仕事を遺すは中、人を遺すを上とする」がある。財産を残すより、もう一方で人を残せば、業績も財産もついてくるという意味だ。業績を残すより、人を残すことこそが、その人間の価値を決めるという意味であろう。

このことはプロ野球の監督とて一緒だ。**どれだけの人材を育て、その世界で活躍させることができたのか**。そのことも、名将であるかをはかる基準であると、私は考えるのである。

ただ、誤解してほしくないのは、私の言うところの「人材を育てた」というのは、たんに「野球選手として一人前にした」という意味だけではない。技術の部分だけを大成させたことが、必ずしも人を残したことにはつながらない。**「野球選手である前に、人間としても一流」**といえる人材をどれだけ育成したかどうかが問われるのだ。

手前味噌で恐縮だが、私も今のプロ野球界に監督やコーチとして選手を指導する人材を残すことができた。私の教えがよい方向に向かい、指導者として声がかかったとしたら、監督冥利に尽きることである。

このことは野球界に限らず、すべての世界で言えることではないだろうか。

会社の目的である業績のような数字という結果を残した人が、よいリーダーの絶対的な条件である。しかし、同時に人間として「あの人は素晴らしい」と思える人を育てられるかどうかも、リーダーの価値をはかる大きな指標である。

名監督には捕手出身者が多い

捕手は「司令塔」と呼ばれているように、野球のポジションのなかでも重責を担う。そのため常に考え抜き、向上心を持ってチームに尽力しなければならない。

野球の９つのポジションのなかで捕手であることの強みは、どのポジションよりも考えながらプレーしていることだ。そしてその長所は、監督になってからも活かされる。これは何も私だけの話だけではない。

ここに興味深いデータがある。巨人がＶ９を達成した翌年の１９７４年から昨年までの43年間、日本シリーズの勝利監督を出身ポジション別に整理し、日本一の回数が多い順に並べると、「捕手」が13回で圧倒的に多いことが分かった。次いで二遊間の９回、投手の７回、三塁手と外野手の５回、一塁手の３回となる。

これがアメリカのメジャーリーグになるとさらに顕著で、１９９４年に選手会のストライキがあってワールドシリーズが中止となった95年以降、捕手出身監督が13回もワールドシリーズを制覇している。しかも２０１４年のサンフランシスコ・ジャイアンツのブルース・ボウチー監督、２０１５年のカンザスシティ・ロイヤルズのネッド・ヨスト監督、昨年のシカゴ・カブスのジョー・マドン監督と３年続けて捕手出身者がワールドシリーズを制覇した。

ここまで捕手出身の監督が好成績を挙げられるのは、どういう理由が考えられるだろうか。

私は**捕手は監督の分身であるから**と見ている。守備についたとき、フィールドに正対しているのは捕手だけだ。打者やスコア、カウントなどさまざまな状況ごとに、いかなる守備隊形をとるのか、どのように打者を打ち取ろうとしているのか、塁上に走者がたまったときには1点をやってもアウトカウントを稼ごうとするのか、それとも1点もやらないシフトを敷くのか、あらゆる仕事が捕手に委ねられる。

まっとうな捕手であれば、「自分が守っている間は監督だ」という意識、使命感や責任感を持ってマスクをかぶっている。捕手出身者が監督として実績を残している第一の理由はまさにそこにある。

プロ野球の世界で優勝するチームは、年間80勝すればその栄光が近づく。しかし、同時に50〜60の負けも積み重ねることになる。投手が打たれて負ければ現場監督である捕手の責任となり、過信やうぬぼれを戒め、謙虚さや素直さを教えてくれる。もちろん現実にうまくいかなかったわけだから、過信のしようがないし、うぬぼれようがない。「自分はまだまだだ」と自戒する心を持つことが重要なのだ。

中国の『書経』にこんな言葉がある。

「満は損を招き、謙は益を受く」

満足すれば妥協を呼び、妥協を呼べば進歩も止まるが、謙虚な気持ちを忘れなければ大きな疑問が生まれ、さらに高みを目指して努力するようになる。

つまり、失敗や負けによって、謙虚さはもとより、さらなる意欲を引き出すことになる。そうして次こそは失敗しないように、物事に対して慎重かつ繊細な姿勢で取り組めるようになる。

捕手は他の野手に比べてさまざまな責任を背負い込んでいる。それが常勝といわれる強豪チームであればあるほど、内外の批判を一心に受け止め、それを乗り越えるための思考力を身につけておかなければならない。だれよりも考える機会が多いのが捕手なのだ。それが他のポジション出身の監督よりも、自軍を優勝に導いている大きな要因となるのであろう。

世のリーダーたちはどれだけ失敗に目を向けているだろうか。考えているだろうか。「仕方ないよ、明日から切り替えていこう」とやっているだけでは、人間として成長していかない。苦しいだろうが負けや失敗としっかり向き合って分析し、対策を考え講じなければならない。そのなかで**慎重さと繊細さを身につける**ことこそ、勝利という名の成功に導くのだ。

組織はリーダーの力量以上に伸びない

どんな組織においても、リーダーなしには最終判断は下せない。組織を誤った方向に導かないようにするためにも、日頃から勉学に励み、ミスをしたときには素直に認める潔さも必要だ。

１５６５勝１５６３敗。この数字は私の監督としての通算勝敗数である。私は勝ったときの喜びより以上に、負けたことの悔しさのほうが大きい。そのことをバネにして、次にどう活かすべきか、あれこれ考えながらやってきた。60を過ぎても、70を過ぎても、「私自身が成長していかなくてはならない」という気持ちを忘れたことは一度もない。

「組織はリーダーの力量以上に伸びない」、これは組織論の原則であり、私自身がつねに言い聞かせてきたことだった。

組織を伸ばそうとすれば、リーダー自らが成長していくしかない。感じる力を磨き、それをもとに考え、捕手として培った「観察力」、「分析力」、「洞察力」の向上に励まなければならない。ましてやプロの監督ともなれば、選手以上に厳しく律し、どんなときにおいても進歩しよう、向上しようという姿勢を見せなければならない。

一番リーダーがやってはならないことは、失敗したときに言い訳をしたり、その責任を選手や部下に押しつけて平気な顔をしてしまうことだ。

そんな人間に、誰も「この人についていこう」と考えるはずはない。

だが、現実は悲しいかな、こうしたリーダーが多いと聞く。自分自身を甘やかしているリーダーの下では、部下もリーダーと同じ性質の人間になっていくか、「この人についていっても、時間を浪費するだけだ」とあきらめ、去っていくかのどちらかしかない。

そこで私は、「監督たるもの、すべてにおいて選手に負けてはいけない」と、一切の満足や妥協、限定を排除し、新しい情報や知識の吸収に努めた。

たとえば、春季キャンプ中のミーティングでは、随所に新たに気づいたこと、考えたこと、仕入れたことを織り込み、バージョンアップをしていた。そうした姿勢は50代で就任したヤクルト時代、60代のときの阪神時代、70代のときの楽天時代と変わらず行っていた。

また、自分の采配の過ちについては、素直にみんなに詫びていた。

野球の試合は7回以降の終盤に大きく局面が変わることが多い。とくに1点を争う接戦の場合、選手起用や戦術面の全責任は監督が背負わなくてはならない。なぜならその決断のすべてを、監督がするからだ。

その結果、負けてしまったときには、

「オレの采配ミスだった。ヘボな采配をしたおかげでみんなに迷惑をかけた」

試合後のコーチ会議の場ではもちろんのこと、試合後のメディアでのインタビューの場でも素直に詫びた。メディアのインタビューは夜のスポーツニュースや翌朝のスポーツ紙で取り上げられるため、選手たちも私の言動を見ることになる。

コーチや選手たちに対して厳しく接している以上、自分自身の失敗を棚に上げることはあってはならない。**失敗を認め、その原因を突き止めて反省し、次につなげることの大切さは、選手も監督も同じであることに変わりはない。**「失敗と書いてせいちょうと読む」という私の持論は、ここでも活かされている。それがリーダーの力量を伸ばし、組織をさらに成長させることにつながる。

野球に限らずどんな仕事においても、人間がやる以上、ミスは必ず起きる。若い人であれ、経験豊富なベテランであれ、はたまた組織を束ねるトップでさえ、間違えることは誰にでもある。それは仕方のないことだ。

だが、失敗から学び、どう次につなげていくか。敗者になることを恐れずに、そこから学ぶという姿勢があれば、大きな成長が望める。リーダーたる者、このことを忘れずに励み続ける必要がある。

「長く監督を務めたい」と思ったら、よいリーダーにはなれない

トップやリーダーは、信念をもとに勝負に挑まなければならない。そして結果の責任を負う覚悟が必要だ。保身に走ったり、無難にやろうと思ったときは、トップやリーダーとして失格である。

私は南海で監督を解任されたとき、もう二度と監督のチャンスは来ないと思った。当時の年齢は42歳とプロ野球選手の中では超ベテランの部類に入ったが、プロ入りしてから24年の間、南海以外のチーム事情は知らない。あくまでも外からの見立てではあるが、他のチームは生え抜きやネームバリューの高い人、はたまた他のチームの監督を務めて実績を残している人を監督に選んでいるのだろうと考えていたからだ。

けれども、縁あってヤクルトでお世話になることが決まったときでも、私は決して浮かれることなく、「どうしたらこのチームは強くなるんだろう」と毎日のようにノートとにらめっこをして研究していた。それでも球団の誰にも遠慮することなく、私がこれまでに培ってきた知識を選手たちに惜しみなく伝授した。

その一方で、選手たちを遠慮することなく叱り続けた。そのため当時の選手たちのなかには私を恨んでいる者もいるだろう。それでも負け癖を払拭するためには、ミーティングで人間教育を施し、野球以外の知識を身につけさせたり、「優勝」という目標を達成するために、監督や選手、あるいはコーチやスタッフが一丸となって戦うことの意味を教え続けた。

そのとき私の脳裏には、**「少しでも長く監督をやろう」なんて、微塵も思っていな**

かった。その根底には、「プロ野球の世界は選手も監督も結果が最重要。結果を出せなければ潔くユニフォームを脱ぐまでだ」と揺るぎない信念と覚悟があったからだ。

もし私が、「長く監督を務めたい」などと欲をかいたりしていたら、選手にミーティングなどしていなかっただろう。見るべき方向は選手ではなく、球団社長やフロントの人たちである。彼らの顔色をうかがって、「負ければ選手のせい」などと言っていれば、フロントの評価は下がらないかもしれない。

だが、下の者より上ばかり見ているようでは、監督として失格である。

しかしながら、今のプロ野球界を見渡す限り、俗にいう処世術で監督になった顔ぶれが多いのが気になる。現役を引退してコーチ、あるいは野球評論家として活動していたとき、球団に対して批判的な意見は言わず、それでいて周囲から好印象を持たれているような人や、フロントの人間と同じ学閥だという理由だけで監督に選ばれている者もいる。

本来であれば監督に選ぶのは、過去にチーム作りをやったことのある人、もしくは監督として未経験でも、前任の監督の下でコーチとして修業を積んだ人で、なおかつ監督として適性能力があると判断した人間に任せるべきである。

現役時代の人気や解説者としてクリーンなイメージなどの表面的なものだけで監督の適性を判断するのは間違っている。

これは野球界に限った話ではない。派閥や学問など、人間関係による人事は昔も多少はあったかもしれないが、少なくとも組織の長として適性があるかないかの判断はなされていたように思える。もちろんそれは野球界も一緒だった。

だが今は違う。「長く監督を務めたい」からと、上の人の顔色をチラチラ窺いながら指揮しているから、チームは低迷し、たとえ勝ったとしても、監督の理念があまり感じられない。「オレはこういう野球がしたい」、「こうすればチームは強くなる」という信念があれば、フロントや選手の顔色を窺うことなく、その人のカラーが色濃く出た野球ができるはずだ。

自分の信念を貫き通して、それで結果が出れば、おのずと長く監督を務めることができる。もちろん、結果が出ないときもあるだろう。しかし、自分の信念を貫き通したときに、よい結果が出ずにトップを下ろされたとしても自分に恥じることはない。

組織を束ねるリーダーなら、そのくらいの潔さを身につけてほしい。

選手に媚びるのは、「自分はこうする」という信念がないから

部下に媚びるのはリーダーとして失格だ。たとえ嫌われたとしても、毅然とした態度を示し、導いていかなければならない。

今の上司は、部下に対して褒めることをよしとする指導していると、繰り返し触れてきたが、最近では部下に媚びて機嫌を窺うような上司までいるという。こんなことをして、本当に部下のためになるだろうか。そう疑問に思ってしかたない。私だったら部下に媚びるようなマネは絶対にしない。

ではなぜこのような態度をとってしまうのか。

それはリーダーが自分の指導に対して理論や自信を持っていないからだ。

前項でも示したが、組織を指揮していく人間であれば、「私はこうしていきたい」と**明確に自分の指針を提示して、しかるべき方向にみんなを導いていかなければならない。**

ところが、それがないというのは、「これだけは絶対に譲れない」という、自分なりの考えを持っていないことの裏返しだ。ましてや部下の顔色を窺っているだなんて、自分の哲学がからきしないことが明白ではないか。

こうした人物が組織をまとめあげるリーダーになれるわけがない。いや、仮にリーダーになったところで、部下から出てきたさまざまな意見に対して、みんなを立てようとするあまり、何一つ決められないということだってあり得る。そんな者がリーダーをしているような組織は、どんどん弱体化するのは明白だ。

「あの人はいい人だ」と言われている人ほど、結局のところ、相手に本音を話していないとも言い換えられる。発言した人の気分を損なわないような言い方をしているから、「いい人」でいられるのであり、「これだけは絶対に譲れない」という信念が欠けているからこそ、信用するに値しない人物なのだと、私はそうとらえてしまう。

これは極論に聞こえるかもしれないが、私は人の悪口を言う人のほうがよっぽど信用できると考えている。実際、悪口を言うのはよくないことであるが、まだそのほうが自分なりの明確な考え方がある証拠でもあり、その人間が何を考えているかが見えてくるから、逆に信用できるというわけだ。

もちろん私は、部下に対して私の野球哲学を明確に提示していたし、部下の顔色を窺うことなど、一度たりともしたことがなかった。

ただし、野球哲学を浸透させるのは容易ではない。一度や二度言っただけで伝わるわけはないので、**何度も何度も自分が信じる道を選手やコーチに繰り返し言い続けた**。ミーティングやキャンプでチーム全体に話すことはもちろん、個々の選手に対しても、ことあるごとに伝え続けた。私が言い続けたのは、野球哲学だけではない。挨拶のような人としての基本や野球以外の知識を得ることなど、人間力をあげるためのことも、口うるさく言い続けた。

また、選手に技術を指導するときも、自分の思ったことをしっかりと伝えた。

「ボヤキ」もそのひとつである。その選手の前で、コーチとの話の中で、挙げ句の果てには試合後のマスコミの前でボヤキ続けた。ボヤキの対象となった選手から見れば、嫌で嫌で仕方ないはずである。私のことを嫌な監督だと思ったことだろう。

それでも私は、その選手のためを思ってボヤく。選手に期待しているからこそ、ボヤキ続けていた。その場では嫌われるかも知れないが、**いつか気づいて進歩してくれるときが必ずくると信じている**のだ。

リーダーなら、「私はこういう方針でやっていく」という明確な哲学を提示することが必要で、それを浸透させる義務がある。そのためには、部下に対していい人になる必要はまったくないし、顔色を気にしておべんちゃらを使うなどもってのほかだ。組織のため、部下個人のためにも、ときには厳しく伝えなければならない。部下から疎まれようとも、嫌われようとも、リーダーには伝え続ける覚悟が必要なのだ。

優しすぎる人はリーダーにふさわしくない

優しい人は部下に対して厳しくできない。これはリーダーとして致命傷である。ときには嫌われ役になる覚悟のある人こそが、リーダーにふさわしい。

私が現役引退をした１９８０年の秋以降、日本全国から講演会の依頼が殺到した。南海で４番・捕手として数々の打撃タイトルを獲り、またプレイングマネージャーとして監督と選手の二足のわらじを履き、晩年はロッテ、西武で現役生活を全うした。このような私の野球人生で経験してきたことを、どうにか自分たちに活かしたいと考える企業や団体が数多くあったのだ。

そんなあるとき、講演会の質疑応答の時間に、こんな質問があった。

「野村さんは選手に厳しく指導されていたイメージが強いですが、部下に対して優しくする必要があると思いますか？」

聞けばこの人は会社の中では中間管理職で、上司と部下の間に挟まれて、人間関係で苦労しているという。そこで私はこう答えた。

「リーダーが部下に優しくする必要はありません。だからと言って、厳しすぎても部下はついてこない。要はバランスということになりますが、私は厳しい面を多く持っているほうが、部下とは緊張感のある、よい関係が保てると考えています」

このとき、私は一人の男の顔が思い浮かんだ。杉浦忠である。

杉浦は南海に入団し、鶴岡さんが監督となって初めての日本一にも貢献した。とくに1959年のシーズン成績は38勝4敗で最多勝と最優秀防御率、最多奪三振、リーグMVPのタイトルを総なめにし、巨人との日本シリーズでは4連投4連勝を飾ってシリーズMVPにも選ばれた、パ・リーグを代表する大投手だった。

その杉浦だが、チームメイトの間では実にジェントルマンで優しい男だった。

私の配球ミスで杉浦が打たれ、ベンチに戻って鶴岡さんから叱られても、「ノム、あの配球はあれでよかったんだよ」とかばってくれた。そんな杉浦に対して、私はいつも「すまない」と、ただただ頭を下げるしかなかった。その他にもこのような優しさが現れているエピソードは枚挙に暇がない。本当に優しい人間だったのだ。

その後、杉浦は古巣である南海の監督に就任した。1985年のオフのことである。当時の南海は戦力的に厳しかった。パ・リーグは西武が黄金時代を築き始めた頃だったが、西武と戦力を比較しても、まともに戦っては太刀打ちできないほどの差があった。弱者が強者に勝つには、チーム一丸となって勝負のできる集団にしなければならなかったが、杉浦にはそれができなかった。

結局、杉浦は4年間、南海、そして89年に創設された福岡ダイエー（現ソフトバンク）の指揮を任されたが、6位、4位、5位、4位と一度もAクラスに入ることすらなくユニフォームを脱いだ。すばらしい現役時代を過ごした彼からしてみれば、優勝はおろか、一度もＡクラスに入れなかったことは、忸怩たる思いだっただろう。

ではどうして杉浦が勝てなかったのか。私はやはり彼の優しい性格、優しすぎる性格が、監督として適性ではなかったのだろうと分析している。

選手時代は自分を律し、努力を続ければよかった。それができたからこそ、杉浦のすばらしい活躍があった。だが、監督になったからには、選手という他人に努力を続けさせなければならない。そのためには選手を厳しく叱ったり、あえて嫌われ役に徹するなど、チームの勝利、選手の成長をなによりも優先しなければならない。

だが、優しい性格の持ち主だと、選手に対して厳しくしきれない。おそらく杉浦は、たとえば投手が打たれたり、打者がチャンスで打てなかったとしても、「また明日頑張ろう」と励ますだけで、「なぜ打たれたのか」「どうして抑えられたのか」を自ら追求しても、選手に直言するまでには至らなかったのではないかと思う。それが杉浦の甘さであり、指導者として決定的に不足していた面だったのかもしれない。

前項でも触れたが、リーダーは厳しい面を持ち合わせていなければならない。厳しい面をもっていなければ、チームを勝たせられないし、選手も成長させられないのだ。

リーダーは部下と仲良くなりすぎたら、冷静かつ客観的に采配がふるえなくなる

リーダーが特定の部下に対して「情」を持つと、組織に不協和音が生じてしまう。そうならないようにするためにも、部下とは一定の距離を保っておくのがよい。

ビジネスの世界において、リーダーの悩みの一つに部下との距離感を挙げる人が意外にも多い。前項でも、講演会にて、優しくすべきか厳しくすべきかを訊ねられた話をしたが、それ以外でも「部下とはどういう関係を築くようにしていけばいいでしょうか？」というような質問を、講演会ではよく訊ねられたものだ。

それではどうして悩むのか。それは、「部下と仲良くなったほうが、仕事がスムーズにいって、期待通りの成果が上げられるようになるのか」が、今一つはっきりしないからだろう。ある人は仲良くしたほうがいいと言い、またある人は仲良くしすぎるのは困りものだと言う。

そこで私が下した結論は、「部下とは仲良くなる必要などない」、この一点に尽きる。**監督時代、もっとも腐心したのが、「監督と選手の間になれ合いの関係を作らない」**ことだった。それもこれも、南海時代の鶴岡さんを見ていたからだ。

鶴岡さん自身は意識していなかったかもしれないが、当時の南海には派閥のようなものがあり、一部の選手と監督がなれ合いのような状態になっていた時期があった。それでも当時はチームの主力が、皆同じ頃に全盛期を迎えたため、パ・リーグでは向かうところ敵なし、とばかりに優勝する機会に数多く恵まれた。

だが、主力選手の力に陰りが見え始めると、驚くほどもろくチームは崩壊していった。南海が昭和30年代後半から40年代前半にかけて栄華を誇ったものの、その後、優勝に恵まれる機会がほとんどなかったのは、鶴岡さんが本当の意味での強い組織作りに欠けていたからに他ならない。具体的にいうと、選手を客観的に見て采配できなかったことだ。

鶴岡さんは選手たちから「親分」と呼ばれていたように、情の厚い人だ。人間として見たときにはそれは魅力的に映るかもしれないが、度を超えると仲間意識が芽生えてしまう。リーダーと部下の間にそうした関係は必要ない。**勝つためにどういう選手を起用し、采配をふるえばいいのか、必要なのはそうした冷静かつ客観的な分析力だ。**

そこで私は監督になったとき、選手とは距離を置いた。彼らと食事に行くことなど一度もなく、特定の選手に肩入れすることなどなかった。

こうすることで、選手たちは「監督は誰かに対してえこひいきするようなことはしていない」と納得してくれるので、一軍メンバーを選ぶ際にも不平不満の種は取り除けたと思っている。

それに試合の場面に応じて、特定の選手に肩入れすることがなかったので、状況に応じて選手の起用を使い分けることができた。当たり前のように聞こえるかもしれないが、「この場面は彼を起用してあげよう」と情だけで采配をふるうようでは、結果は芳しいものではないし、何よりも選手間で「どうしてアイツがこの場面で起用されるんだ？」と不信感を持たれてしまう可能性がある。

そうなると、チームは少しずつバラバラになってしまい、勝負どころの大事な場面で綻びが生じてしまいがちになる。

繰り返しになるが、**リーダーは部下とは必要以上に仲良くなる必要などない**。仲良くなることで生まれるのは、「情」だ。勝負どころの大事な局面で情が入ってしまうようでは、相手に隙を与えてしまい、ひいてはそれがチームの敗北につながってしまう。

組織を強固なものにしたいと考えているのであれば、余計な仲間意識は捨てたほうがいい。結果を出し続けられなければ、結局は人はついてこない。とくに、力のある者、組織を強くしてくれるような者が離れていく。

リーダーには、客観的に判断するだけでなく、客観的な側面があることも部下たちに示していく役割もあるのだ。そのためには部下との距離感を意識することが必要だ。

チームの中で一番野球を知っていなければならないのは監督である

指導者は野球のことを一番理解していないといけない。それはルールや作戦だけでなく、その人に合った適性を把握し、正しい選手起用ができることもその条件に含まれる。

野球は９つのポジションがあるが、それぞれに適性が必要だ。たとえば投手なら速いボールとキレのある変化球がストライクゾーンに投げられること、あるいは内野手だったらグラブさばきがうまく、クイックで素早く送球できる、はたまた外野手は強肩でボールが落下してくるまでに追いつけるだけの走力がなければならないなど、その人それぞれに合ったポジションに守らせることで、盤石な布陣を敷くことができる。

では捕手はどうかといえば、打者の心理を読み解く疑い屋でなければ務まらない。いかに打たせないようにするか。その一点に全神経を集中させ、失点しないだけの備えをしながら戦いに挑む。もちろん最悪の事態だって想定しておく。投手の調子が悪かったり、あるいは味方の予期せぬエラーでピンチを招いたときに、どう対処すべきか。危機管理能力が求められるのも、捕手の役割の一つである。

だが、若い頃の私は、一度だけ捕手を辞めたいと思ったことがあった。私がどんなに配球を考えても投手が打たれ、そしてチームが負ける。それが連敗という形になって、負の連鎖となっていく。「どうして打たれるんだろう……」とあれこれ思考を巡らすが、答えらしい答えは一つも浮かばない。

「もうダメだ。これ以上、捕手を続けるのは困難だ」、私自身、張り詰めていた糸がプッンと切れてしまい、あるときコーチに、「捕手はもう無理です」と切り出した。当初は驚いた顔を浮かべていたが、「野村、今日はレフトを守れ」と指示された。

そう告げられたとき、私は心のどこかでほっとした。これで捕手の緊張感から解放される——そう思いレフトの守備位置に入ったのだが、心なしかなんだか落ち着かない。

その様子が、ベンチからも見てとれたのだろう。コーチから、「おーい野村、そこじゃないよ、もっと前だ、前！」と大声で指示が飛んでくることが一度や二度ではなかった。捕手はダメだと思って入ったライトのポジションであるにもかかわらず、落ち着いて守備ができないようでは、そのポジションを守る資格すらない。

だが、鶴岡さんは私の心理状態を見抜いたのだろう。試合に中盤に差しかかった5回に、「もういい野村、次の回から捕手に戻れ」。その言葉に安堵したことは今でも忘れない。それ以後、私は「捕手を辞めます」とセリフを二度と口にしなかった。

このとき私が学んだのは、**人には適材適所というのが必ずある**ということだ。私のケースでいえば、外野手には打球をとるための俊敏な足と、内野に矢のような送球で返す肩の強さが求められる。これに対して捕手の場合は、外野手のような俊敏性よりも打者を打ち取るための感じる力が必要となる。つまり、捕手と外野手とでは、求められる能力はまったく違うというわけだ。

鶴岡さんは外野に回った私の不安げな様子がすぐに分かったのだろう。もちろんすぐに代えようと思えば代えられたはずだが、鶴岡さんはそうはせずに、私の様子を遠くから見守っていた。一方の私は私で、鶴岡さんが「いつになったら代えてくれるんだろう」と不安な気持ちが回を追うごとに増幅していった。あのまま外野を守っていたら、私のミスでとんでもないことになっていたに違いない。

これは何も野球に限った話ではない。たとえば人と話すのがあまり得意でない人が、その部署の人手が足りないからという理由で、営業に回されたとする。本来は事務作業を得意とするはずなのに、こうした配置をしてしまっては、回された当人はおろか、配属された部署の上司や同僚だって困惑してしまう。こんな人事異動ははっきり言ってナンセンスで、百害あって一利もない。

私を外野から捕手に戻したのは、鶴岡さんが野球の本質を理解していたからである。つまり９つのポジションはどういう人に守らせるべきかという要諦をつかんでいたというわけだ。**リーダーがその世界に一番精通していなくてはならないこと**を、鶴岡さんのこのときの判断から私は学んだ思いがする。

たくさんのデータをどう活用するか。そこがリーダーの腕の見せ所

データは多ければ多いほど理解しやすくなる。ただし、データの使い道をはっきりと示さなければ、使えるデータにはならない。その指示をするのはリーダーの役目であり、データを活用して成果を出すのもリーダーの腕の見せ所である。

唐突だが、野球のカウントはいくつあるかご存知だろうか。こう聞くと、即座に答えられる人は少ないかもしれない。カウントとは、0―0（ノーボール・ノーストライク）から始まり、3ボール2ストライクまでの12通りがある。それぞれカウントごとに投手の心理、打者の心理は違ってくる。当然ここにアウトカウントや走者の有無が加わってくると、さらに状況は複雑になっていく。

そこで私は、相手チーム、そして自軍の選手たちのデータを収集させた。たとえば相手の投手に関するデータを集め、「カウント別」、「イニング別」、「状況別」とにそれぞれ分けていくと、「このカウントになると変化球がくる」「試合の序盤は真っすぐで押しているが、後半になると変化球の割合が3〜4割増えてくる」「走者がいないとポンポン気持ちよくストライクを放っているが、走者を背負うと慎重になってボール球が多くなる」といったように、**データが増えた分だけ、相手がどういう攻め方をしてくるのか、その傾向がはっきりと分かるようになる。**

つまり、データを集めたら、その量が多ければ多いほど、野球が簡単になっていくのだ。無死一塁でカウントが1ボール1ストライクのとき、相手投手は真っすぐを投げてくる割合が8割以上もあると事前に分かっていたら、打席に立つ打者も、「次はこの球が来るぞ」と覚悟を決めて迷わず待つことができる。その分だけヒットを打つ確率が高まってくるものだ。

だが、データが何もない、あるいは乏しかったりすると、「ここは真っすぐで押してくるだろうなあ。いや待てよ、ひょっとしたら変化球を投げてくるかもしれない。ええい、どっちだろうなあ」などと、打席で迷いが生じてしまう。この両者の違いは大きい。

今のプロ野球には好投手と呼ばれる逸材が多い。ましてやエース級の投手だと、そうは簡単に打ち崩せるものではない。しかも球種も豊富にあるので、打者からしたらヒットを打てる確率は格段に落ちてしまう。だからこそ、事前にデータを膨大に収集し、整理して活用できる状態にしておくことが大切なのだ。

こうした傾向は監督だけでなく、コーチも把握しておかなくてはならない。なぜなら監督は選手起用や作戦面などで決定を下す権利があるので当然知っておかなければならないが、たとえば投手コーチや打撃コーチなどは、それぞれ相手打者や相手投手のデータ傾向を把握し、その日に登板する予定の投手や、スターティングメンバーに名を連ねた打者たちと事前にミーティングを行って対策を練らなくてはならない。

データは監督だけでなく、コーチも含めたチーム全員で共有するものという意識が必要である。

一番やってはいけないのは、データを集めるだけ集めてそのままほったらかしにしていたり、あるいはちぐはぐで要領を得ないデータを収集することだ。

野球の場合でいえば、相手だって私たちと同じように研究してくるだろうから、攻め方の傾向が変わることは大いにあり得る。そうなったときにデータをバージョンアップしていかないことには活用できないし、ポイントがずれているようなデータではまったく使えないどころか、逆効果にさえなる。収集するだけくたびれ損だ。

試合展開を考えながら確率の高い答えを選択するには、どんなデータを用意すべきか、つまり**活用する方法を事前にはっきりとしておくこと**だ。

そして、その方針にあったデータを日頃から集めて**傾向と対策を明確に把握し、本番のここぞという場面で、最大限、有効に活用できるように**するのはリーダーの腕の見せ所である。また、集めたデータは、使える形にしてから、チーム全員で共有することが必要だ。

負け試合は、成長の宝庫である

野球の試合において、負けた原因は必ずある。それを究明しないままでいると、歯止めがきかなくなり、敗北や失敗が続いてしまう。そうした負の連鎖を断ち切るためにも、負けから学ぶ作業は不可欠である。

野球は他のスポーツと比べ、失敗する確率が高い。

たとえば10打席のうち、３本ヒットを放てば好打者といわれているが、裏を返せば7割は失敗していることになる。日本のプロ野球史上、どんなにいい打者でも、シーズンを通して4割を打ったことのある打者が一人もいないことが、それを証明している。このほかにも、盗塁やヒットエンドランにも失敗はつきまとうし、簡単なように思われる送りバントだって、１００％の成功はあり得ない。

それでは投手はどうかといえば、捕手のミットに構えたところではなく、甘いコースに投げてしまうことは、往々にしてあることだし、野手だって捕球や送球でミスをすることはある。したがって試合に勝つためには、いかに失敗を少なくするかがカギなのだ。

そこで私は負けたことで何を学ぶべきか、コーチや選手たちに徹底的に考えさせた。**「負けに不思議の負けなし」**。**負けには、必ず負けにいたった原因が潜んでいる**。たとえ偶然のように見えても、あるいは不運のように見えても、突き詰めれば必ず負けを招いた理由は発見できるものだ。

それを「運が悪かった」のひとことで済ませてしまうようでは、同じ轍を踏む確率が高くなる。つまり、また次に負けてしまい、さらにその次も……というように悪循環となってしまうのだ。

戦国時代の武将である武田信玄は、こんな名言を残している。

「一生懸命だと知恵が出る、中途半端だと愚痴が出る、いい加減だと言い訳が出る」

愚痴や言い訳が多いということは、物事に真剣に取り組んでいないことの証であり、覚悟を決めて物事に取り組めば、最終的には成就するという意味だ。

そこで私は、「1日3試合」を自らに課していた。1試合目は試合前、つまりシミュレーション（予測野球）である。相手投手の攻略法や相手打者をいかに抑えるか、頭のなかでイメージし、1回から9回まで勝負していた。

2試合目は実際の試合（実戦野球）である。試合前にシミュレーションしたことを、答え合わせしながら、実際に戦っていく。当然予想外のことが多数起こる。

だからこそ、大事なのはその次だ。試合が終わってから私は、スコアブックをもとに、1球1球丹念に振り返り、もう一度試合を振り返るようにしていた。私はこれを**「反省野球」と呼んでいた。**

すると、試合中は気づかなかった小さなことが、実は勝負の分かれ目であったり、ピンチやチャンスを迎えたとき、選手たちはどう対処しようとしていたのかなど、さまざまな発見があった。１試合チェックするのに最低でも１時間はかかり、ときには帰りの車のなかで、勝負の分岐点となった場面を反芻し、次の対戦のときに活かすようにしていた。

この作業をきちんとしておくと、「変化」に気づく。次に戦ったときに相手が変わってくるのか、それとも変わらないのか。それによってこちらの作戦も変わってくるのだが、この「変化を見る目」は非常に大切なポイントとなる。

このことは一般の会社組織でも同じことがいえるだろう。何か仕事でトラブルが発生したとき、なぜトラブルとなってしまったのか、それを防ぐ手立てはなかったのか。状況を一つひとつ解析していくことで、原因が発見でき、そして反省し、同じ失敗を繰り返さないようにしていく。

失敗、あるいは負けた原因について真剣に究明することは、その道のプロとして当然のことだ。それをあいまいにしたままでは、いつまで経っても勝利を手繰り寄せることはできないのである。

勝ち試合も反省点はある。冷静に分析せよ

勝っている試合の反省など、普通は行わないかもしれない。だが、そこにも必ず落とし穴がある。そうした部分もくまなくチェックすることで、勝利を継続させることができるのだ。

つい最近、旧知の記者と雑談していたときのエピソードだが、最近の経営者や教育者はポジティブシンキングというか、成功体験を失敗よりも重視しているそうだ。その理由は、「成功することで、達成感や喜び、感動が得られ、それが自信となってさらなる目標達成への意欲を促す」と考えられるからだという。

たしかに一理ある。監督であれ、選手であれ、勝つことで自信が生まれることはあるし、大切なことだ。

たとえばホームランを打ったときの映像を見て、調子のいいときの感覚やイメージを思い出すのは悪いことではない。もちろん投手についても同じだ。いいときのピッチングを見て、フォームのバランスは崩れていないか、球離れはどうなっているかなどをチェックすることで、不調を乗り越える選手は数多くいる。

ただ、成功したときに、なぜうまくいったのか、あるいはどこがよかったのかを、突き詰めて追求する選手はほとんどいなかった。打ち取った、ヒットが打てた、勝ったという事実に酔って内容を検討しない選手がほとんどであった。

しかし、**勝ち試合のなかにも、反省すべき部分は多数存在する。**野球はミスのスポーツだからだ。

とくに気をつけなければならないのは、**大勝したときなどに起こる、気の緩んだプレーや通常ではありえないミスをしたとき**である。たとえばこんな具合だ。

試合は10対0で勝っていて、相手チームの最終回の攻撃を迎えたとする。ワンサイドのスコアなのだから、普通に考えてもそのまま試合は終わると誰もが思うだろう。けれども、自軍の投手が先頭打者にいきなり四球を二つ続けて出してしまい、そこから味方のエラーと4連打と反撃されて3点を失ってしまった。結局、そこで投手を代えて後続はどうにか抑えたものの、こうした試合はたとえ勝ってもいただけない。その理由は二つある。

まず一つは、先頭打者から立て続けに出した四球二つはいらないということだ。10点差もあるのだから、ストライク勝負をして早めに追い込み、ウイニングショットを投げさせればいい。だが、四球では何もしなくても塁を与えてしまう。しかも10点差で先頭打者への四球など、ムダ以外の何物でもない。私が一番許せないパターンだ。

このような場合、捕手を呼んでその理由を問いただした。投手の技術的なものなのか、それとも心理的なものから四球を出したのか、それによって受け取り方が違う。技術的な理由から二つ連続で四球を出したというのなら、投球フォームをチェックしておく必要がある。だが、心理的な場合であれば、それは捕手の責任でもある。投手は打たれる恐怖、四球を出す恐怖を持っている。「大丈夫、信頼してこい」とジェスチャーや言葉、そしてときにはサインそのものでマウンドにいる投手を安心させてあげるのも、捕手の務めなのだ。

そしてもう一つは、最後に相手に3点を与えてしまったことで、「よし、明日はオレたちはやるぞ！」と相手の勢いを呼び戻してしまう可能性がある。せっかく大勝したのに、最終回の3失点によって水を差されてしまったというわけだ。

このようなとき、相手を勢いづかせないようにするため、コーチ陣を集めて、なぜあの場面で3点取られたのか、何か防ぐ方法はなかったのかを、ミーティングで確認するようにしていた。

このようにたとえ勝ったときでも、相手の勢いを封じる勝ち方か、あるいはそうではなかったかで、勝利の意味合いが違ってくる。前者であれば問題ないが、後者はそのままにしておくと油断につながり、ちょっとしたほころびから連敗してしまうことだってあり得る。それを防ぐために、**たとえ大勝したときでも、その内容によっては、厳しく律する姿勢をもつこと**が、リーダーには求められる。

使いやすい人ではなく、戦える人を参謀にすると組織は伸びていく

リーダーは自分の意見に賛同してくれる人を部下にしやすいものだが、それでは本当の意味で組織としての成長は止まってしまう。リーダーに進言してくれる人、それも根拠を持って発言してくれる人をそばに置くとよい。

唐突だが、あなたは監督にとって、どういうコーチがいいコーチだとお考えだろうか。一般的には監督の意見を汲みとってくれる人がいいコーチであると認識しているかもしれない。だが、これは大きな間違いだ。組織に本当に必要なのは、言いにくいことを素直に口にしてくれる人だ。

考えてみてほしい。組織のトップにとって使いやすい人を管理職に選んでしまうと、十中八九、イエスマンで固められる。イエスマンはトップの意見に反論もしなければ、提言もできないため、トップが間違った方向に舵を切ってしまったら、一蓮托生とばかりに全員が同時に沈没してしまう可能性がある。

そこで私が参謀として一番重要視したのは、**質問したことに対して遠慮なく意見をしてくれる人**だった。私に対して意見ができるということは、それなりのデータの分析や状況の把握を行い、自信がある証拠でもある。

たとえば試合中、ベンチのなかで、「この投手は、このカウントでどんなボールを投げてくるんだ?」「この打者の打球の方向はどこによく飛ぶんだ?」などと、刻一刻と変わる試合展開のなかで私が要求する情報をすぐに答えられるように準備できている者を、コーチに求めていた。そのためには、コーチたちはありとあらゆる情報を試合の前に目を通しておき、頭のなかにインプットしておかなくてはならない。

そしてもう一つ、コーチに求めたのは、一軍に上げる選手についての判断基準が適切であるかどうかだ。シーズンが開幕すると、一軍はずっと同じメンツで戦っていくわけではない。半年以上に及ぶ長丁場の試合をしていくなかで、二軍から選手を昇格させる状況も出てくるわけだが、一軍のコーチに二軍の試合を視察させて、本当に一軍で通用するだけの力があるのか、見極めさせていた。

たとえば二軍のコーチが「あの投手は球のキレがあって、ものすごく調子がいい」という報告があったとしても、あくまでも二軍では調子がいいだけで、一軍で通用するかを見極める場合、二軍のコーチとはまったく別の視点で確認しなければならないからだ。投手であれば球のキレに加えて、コントロールの善し悪しやフィールディング、走者を置いた際の投球など、確認しなければならない項目はいくつかある。

そこで私は一軍のコーチが二軍の選手を一軍に上げてくださいと推薦があった際、必ずといっていいほど、「あの選手のどこがよくて一軍に上げたいといっているんだ?」と聞いていた。そこで「二軍のコーチが推薦してきたものですから」などと言おうものなら、即座に却下していた。私に言わせれば、「お前は実際に何一つ見ていないのに、どこがいいと言えるんだ！」となるわけだ。

このようなとき、「彼の足は間違いなく試合の終盤の代走で使えます」とか、「今の一軍の中継ぎ投手は速球派ばかりです。変化球で打ち取るタイプの彼は、今の一軍にはいないタイプですから、面白いと思います」などと**具体的な根拠があったときには引き上げるようにしていた**。

そうして推薦されてきた選手が一軍で活躍しようものなら、次に他の二軍選手を一軍に推す場合があったとしても、「そうか、お前さんがそこまで言っているのなら信用してやろう」と信頼度も増していった、などということはしばしばあった。こうすれば一軍のコーチたちだって定期的に二軍に足を運ぶようになるだろうし、旬な選手を見極めて一軍に上げて活躍できる状況を作り出す、といった好循環が生まれる。

このことは会社組織においても同じことがいえるではないだろうか。大きな会社になればなるほど、トップは経営のことばかり考えていて、現場に足を運ぶ機会も少ない。そんな人物が管理職クラスの人間から上がってきた伝聞の報告など求めているわけがない。トップが求めているのは、実際に現場を見た率直な意見であるはずだ。**そこで私に意見を具申できるコーチは、信用に値する人間だと評価していた**のである。

信は万物の基をなす。信頼されるリーダーとなれ

リーダーの行動や言動を、部下は常に注視し、己の行動の模範としている。だからこそ、リーダーはその重責を理解し汲みとって、絶えず自己研鑽を積むべきだ。

２００1年に阪神の監督をユニフォームを脱いだ翌年、10数年以上にわたって家族ぐるみのお付き合いをさせていただいたシダックスの志太勤会長（当時）と食事をする機会があった。そのさなかで志太会長が突然、「実は今、私が持っている会社の硬式野球部を辞めたいんです」と切り出された。

私は驚いて、「そんなに会社の景気が悪いんですか？」と訊ねたら、そうではなくて弱いから面白くないのだという。「そんな弱気にならないで野球部を盛り上げてくださいよ」と激励のつもりで話したら、「だったら野村さん、あなたがウチのチームの監督をやってくださいよ」と返され、「えっ」と予想だにしない展開に驚き、一瞬言葉を失ってしまった。

けれども、私をシダックスの監督にするという経緯があまりにもユニークだったので、その場で引き受けることを決意したのだが、志太会長が、「一つだけ、野村さんに注文したいことがあります」と言われた後の言葉が、今でも忘れられない。

「ウチの若い選手たちに正しい野球を教えてください」

私は襟を正す思いがした。社会人野球といえばアマチュアであってプロではない。ただし、当時のシダックスには野間口貴彦（元巨人）や武田勝（元日本ハム）ら有望な選手がいたので、「この監督についていけば、いずれ勝たせてくれる」「この監督の言うとおりにやれば、必ず結果は出る」と思わせることが、何より大切だと感じていた。

はたして、就任1年目の2003年の都市対抗野球で、シダックスは初めて決勝戦まで勝ち進んだ。残念ながら三菱ふそう川崎に惜敗してしまったのだが、監督就任1年目でここまで進めたのは、選手たちが私に全幅の信頼をしてくれたからであろう。プロ野球の世界で50年以上の実績を残して、ミーティングなどで野球の技術にとどまらずにいろいろな分野の話をしているうちに、「この人についていけば間違いない」と思ってくれた賜物だと思っている。

「信は万物の基をなす」という言葉があるが、選手の信頼があってこそ、監督は初めて自分の目指す野球が実践できるのである。

思えばヤクルトでも、阪神でも、楽天でも、私が就任した当初の春季キャンプで選手をミーティング漬けにしたのも、そうした理由からだった。いずれも当時はリーグのお荷物などと揶揄され、勝っても負けても淡々としていて、野球のことを深く考えてプレーしていないだろうなと感じることがたびたびあった。

そこで野球に関する知識はもちろんのこと、人生論や哲学など、私の持てるすべてを選手たちに叩き込み、意識改革をはかった。そうして選手たちに、「この人はすごい」と思わせようとしたのだ。この意識改革こそが、信頼獲得のための第一歩であると、私は考えていた。

どんな監督であれ、「こういう野球がしたい」という理想があるはずであり、それを実現するために戦略や戦術にのっとって選手を動かそうとするものだが、監督が考えている通りに動いてはくれない。だからこそ、**選手に意識改革を迫り、監督の考え方を理解、浸透させることが不可欠**となる。

ただし、選手が動いてくれたからといって、いきなり結果が出るとは限らない。場合によっては「なかなか勝てないじゃないか」と、選手が不信を募らせるなんてことだってあるかもしれない。そこで心が折れてはダメなのだ。動揺を見せず、信念がぶれず、毅然とした態度で己の目指すべき理想を繰り返し語り続けなくてはならない。

こうした状況のなかで、**少しずつ、一歩一歩前進していけるようになれば、選手との間に真の信頼関係が生まれてくる**のである。

●おわりに　～リーダーが部下を指導する際に、必要なのは根気と情熱である

経験の浅い若い人はもちろんのこと、経験豊富なベテランですら、仕事でうまくいったときに得る自信は大きい。だが裏を返せば、自信が大きいだけに落とし穴だってある。自信が過信にすり変わっていくのは、私がもっとも怖れていたことだ。

野球の場合でいえば、苦しんで得た勝利こそ、大きな感激がある。苦しみながら長丁場に及ぶペナントレースや、絶体絶命になりながらも短期決戦の日本シリーズを制したことは、心を成長させるうえで大きなプラスとなるのは確かだ。

その反面、「なぜそのような形で勝つことができたのか」という冷静な分析がなされないこともよくある。「私たちは勝ったんだ、強いんだ」と安堵し、錯覚してしまうことは、ヤクルトの監督時代に何度も体験した。日本一になっても連覇ができなかったのは、選手だけでなく、私自身も油断があったからに他ならない。

「勝って兜の緒を締めよ」とはよく言ったものだが、チームとはフロントと首脳陣、選手とが一体となって、初めて自分たちが勝負をものにできることを、選手一人ひとりに理解させなければならない。

そのとき必要なのが、人間教育であり、人材育成である。だが、人材を育成することに即効性はなく、悩み、苦労することの連続であるに違いない。いくら指導したからと言って、すぐに成果が表れるものではないし、リーダーの言葉を部下たちが理解するまでに、一定の時間を要することだってあるだろう。

だからこそ、根気よく指導し続けることも大切なのである。即効性のない努力を続けることは想像以上につらい。今の時代、「努力」という言葉自体、若い世代からは時代遅れのように受け取られることだってあるかもしれない。

大切なのは組織のリーダーたちが、部下たちに「もっとよくなってもらいたい」という情熱を絶やさないことである。失敗や挫折、負けを経験し、悩み、苦しみのなかで、人は成長していく。そのためにも根気強く指導する姿勢を、世のリーダーと呼ばれる人たちは忘れてほしくないと、私はただただ願うばかりである。

野村克也

【著者紹介】

野村克也

1935年6月29日生まれ。京都府立峰山高校を卒業し、1954年にテスト生として南海ホークスに入団。現役27年間にわたり球界を代表する捕手として活躍。歴代2位の通算657本塁打、戦後初の三冠王などその強打で数々の記録を打ち立て、不動の正捕手として南海の黄金時代を支えた。また、70年の南海でのプレイングマネージャー就任以降、延べ四球団で監督を歴任。他球団で挫折した選手を見事に立ち直らせ、チームの中心選手に育て上げる手腕は、「野村再生工場」と呼ばれ、ヤクルトでは「ID野球」で黄金期を築き、楽天では球団初のクライマックスシリーズ出場を果たすなど輝かしい功績を残した。現在は野球解説者としても活躍中。

■協力　株式会社KDNスポーツジャパン

一流のリーダーになる
野村の言葉

2017年4月25日　初版発行

著　者　野　村　克　也
発行者　富　永　靖　弘
印刷所　株式会社高山

発行所　東京都台東区台東2丁目24　株式会社 新星出版社
〒110-0016 ☎03(3831)0743

ISBN978-4-405-10288-0